DAN TOMASULO
Mindset: Hoffnungsvoll

DAN TOMASULO

MINDSET
Hoffnungsvoll

Die Kraft
positiver Gedanken
entfachen

Aus dem Amerikanischen
von Andreas Nohl

Das Werk einschließlich aller seiner Teile ist urheberrechtlich geschützt.
Jede Verwertung ist ohne Zustimmung des Verlags unzulässig. Das gilt
insbesondere für Vervielfältigungen, Übersetzungen, Mikroverfilmungen
und die Einspeicherung und Verarbeitung in elektronische Systeme.
Die Verlagsgruppe Beltz behält sich die Nutzung ihrer Inhalte für Text
und Data Mining im Sinne von § 44b UrhG ausdrücklich vor.

Die im Buch veröffentlichten Hinweise wurden mit größter Sorgfalt und nach
bestem Gewissen vom Autor erarbeitet und geprüft. Eine Garantie kann jedoch weder
vom Verlag noch vom Verfasser übernommen werden. Trotz sorgfältiger inhaltlicher
Kontrolle können wir auch für den Inhalt externer Links keine Haftung übernehmen.
Für den Inhalt der verlinkten Seiten sind ausschließlich deren Betreiber verantwortlich. Die Haftung des Autors bzw. Verlages und seiner Beauftragten für Personen-,
Sach- oder Vermögensschäden ist ausgeschlossen.

Dieses Buch ist erhältlich als:
ISBN 978-3-407-86694-3 Print
ISBN 978-3-407-86733-9 E-Book (PDF)
ISBN 978-3-407-86723-0 E-Book (EPUB)

1. Auflage 2022

© 2022 im Beltz Verlag
in der Verlagsgruppe Beltz • Weinheim Basel
Werderstraße 10, 69469 Weinheim

Alle deutschsprachigen Rechte vorbehalten

© 2020 by Dan Tomasulo
Translated from the English language: LEARNED HOPEFULNESS:
HARNESSING THE POWER OF POSITIVITY TO OVERCOME DEPRESSION,
INCREASE MOTIVATION, AND BUILD UNSHAKABLE RESILIENCE
First published by: New Harbinger Publications, Inc.

Lektorat: Bettina Brinkmann
Umschlaggestaltung: www.mirjawinkelmann.com (Gestaltung),
www.stephanengelke.de (Beratung)
Bildnachweis: © Mirja Winkelmann
Herstellung: Sarah Veith
Satz: Publikations Atelier, Dreieich
Druck und Bindung: Beltz Grafische Betriebe, Bad Langensalza
Beltz Grafische Betriebe ist ein klimaneutrales Unternehmen
(ID 15985-2104-100).
Printed in Germany

Weitere Informationen zu unseren Autor_innen und Titeln
finden Sie unter: www.beltz.de

»Hoffnung heißt jenes gefiederte Ding, das in der Seele nistet, das Lied ohne Worte singt und niemals damit aufhört.«

―――――

Emily Dickinson

Für meinen Enkel
Callahan Thomas Fetrow

Inhalt

Vorwort 9
Einleitung 13

KAPITEL 1 Positive Psychologie als Wissenschaft der Zuversicht 23
KAPITEL 2 Möglichkeiten sehen 53
KAPITEL 3 Schönes, Hilfreiches und Gutes wahrnehmen 77
KAPITEL 4 Positive Gefühle pflegen 95
KAPITEL 5 Den Fokus auf die eigenen Stärken legen 115
KAPITEL 6 Herausfordernde Ziele setzen 135
KAPITEL 7 Einen Lebenssinn finden 161
KAPITEL 8 Beziehungen wertschätzen 185
KAPITEL 9 Leben, wie man es sich erträumt hat 209

Danksagung 221
Anmerkungen 225

»*Ein Neugeborenes ist wie der Anfang aller Dinge – Staunen, Hoffnung, ein Traum aus Möglichkeiten.*«

Eda LeShan

Vorwort

Ende der 1950er-Jahre führte der Psychologe Ellis Paul Torrance ein Experiment an zwei Grundschulen in Minneapolis durch, um das Geheimnis der kreativen Erfüllung zu finden. Neben zahlreichen Tests stellte er den Kindern eine scheinbar harmlose Frage: »Was begeistert dich?« Dann begleitete er die Entwicklung der Kinder über zwanzig Jahre, um herauszufinden, welche seiner Tests geeignet waren, eine plausible Voraussage über ihre Kreativität als Erwachsene zu treffen.

Zu seinem Erstaunen stellte Torrance fest, dass die Begeisterung, mit der die Kinder das Bild beschrieben, das sie von ihrer Zukunft hatten, in höherem Maße die kreative Erfülltheit im Erwachsenenalter voraussagte als all seine anderen Tests zu intellektuellem Potenzial und schulischen Erfolgen. Er schrieb:

»Die an- und aufregendsten Momente des Lebens finden in den Sekundenbruchteilen statt, in denen sich unsere Mühen und unser Suchen plötzlich zu etwas strahlend Neuem kristallisieren, zu einem Bild der Zukunft … Eine der stärksten Quellen für kreative Energie, Leistungsfähigkeit und Selbstverwirklichung scheint die Begeisterung zu sein – für einen Gegenstand, für den eigenen Traum, für ein Bild von der Zukunft.«[1]

Positive Bilder der Zukunft tragen uns unserer Bestimmung entgegen, trotz aller unvermeidlichen Verwicklungen und Wendungen des Lebens. Jede und jeder von uns hat eine Bestimmung, eine bestmögliche Zukunft. Doch wir stehen uns ständig selbst im Weg und verlieren diese Zukunft aus den Augen. Dabei verlieren wir auch die *Hoffnung.*

Der humanistische Psychologe Abraham Maslow stellte die Behauptung auf, dass es zwei grundverschiedene Reiche der menschlichen Existenz gebe. Im Reich des Mangels werden wir von den Dingen motiviert, die uns fehlen. Wir trachten danach, uns die Welt gefügig zu machen, so als riefen wir immerzu: »Liebe mich!«, »Akzeptiere mich!«, »Achte mich!«. Tritt man jedoch in das Reich des Seins ein, so hat man das Gefühl, eine beschlagene durch eine klare Linse zu ersetzen. Plötzlich sieht man die Welt und die Menschen so, wie sie wirklich sind: nicht als Mittel zum Zweck, sondern als *Zweck an und für sich.* Wir würdigen die Einzigartigkeit aller Menschen und erkennen, dass sie sich, wie wir, auf ihrem eigenen Weg der Selbstverwirklichung befinden. Außerdem öffnen wir uns jeder Gelegenheit zu wachsen. Wenn wir nicht mehr hauptsächlich durch Mängel motiviert werden, können wir den ganzen Reichtum des Lebens – das Beglückende ebenso wie das Traurige – mit Neugier bejahen und erforschen. Mit hochgeklapptem Visier sehen wir endlich die Schönheit der Welt und gleichzeitig die wunderbaren Möglichkeiten unseres eigenen Lebens.[2]

Seit einiger Zeit erforschen Psychologen die seelischen Grundlagen von Fantasie, Zuversicht und Offenheit. Dabei schält sich allmählich heraus, dass wir keine Sklaven unserer Vergangenheit sein müssen; wir können die Zukunft steuern. Es gibt einen Werkzeugkasten für Zuversicht – Fähigkeiten, die man sich angewöhnen kann, um den Kompass auf die eigene positive Bestimmung zu richten. Zwar ist viel über die Werkzeuge der Positiven Psychologie geschrieben worden, doch eine verbindende Theorie der *Hoffnung* und *Zuversicht* gab es bislang nicht. Das ändert sich jetzt.

Dan Tomasulo hat einen Schatz an Hilfsmitteln zusammengestellt, ein Leseerlebnis, wie man es nur selten im Leben findet. Sie werden lernen, Ihren Blickwinkel von Grund auf zu verändern und sich der Fesseln Ihres Bewusstseins zu entledigen. Ich kann mir keinen besseren Cicerone vorstellen; Tomasulo ist einer der nachdenklichsten, mitfühlendsten Menschen, die ich kenne – abgesehen davon, dass er ein außerordentlich sensibler, verständnisvoller Kliniker der Positiven Psychologie ist.

Dieses Buch ist nicht naiv optimistisch, sondern *weise*. Tomasulo verlangt nicht, dass Sie die Realität Ihres Leids ausblenden; er vermittelt Ihnen, wie Sie Ihr inneres Gleichgewicht wiederherstellen können, indem Sie Ihre Achtsamkeit steigern und sich von neuem bewusst machen, wie Ihre Zukunft aussehen *könnte*. Dieses Buch wird Ihnen helfen, die Gabe der Fantasie dafür zu nutzen, sich – vermutlich enger als je zuvor – mit Ihren größten Stärken und Lebensmöglichkeiten zu verbinden.

Um in Maslows Begriffswelt zu bleiben: Dieses Buch wird Ihnen helfen, das Reich des Mangels zu transzendieren und – in Tomasulos Worten – das »Hoffnungsprogramm« einzuschalten. Vielleicht haben Sie Ihr ganzes Leben lang, bis jetzt, nur ein sehr verschwommenes Bild von Ihrer Zukunft gehabt. Ein deutlicheres Bild wird zwar nicht wie mit Zauberhand alle negativen Möglichkeiten aus Ihrem Leben entfernen, aber Sie werden lernen, sie in die richtige Perspektive zu rücken. Indem Sie Ihren Blick schärfen für das positive Potenzial, das bereits in Ihnen schlummert, werden Sie mehr Zuversicht und Hoffnung in sich aufbauen, als Sie es je für möglich gehalten haben.

Scott Berry Kaufman

»Hoffnung ist nicht so etwas wie ein Garantieschein, sondern Ausdruck von Energie, und häufig ist diese Energie besonders stark unter den finstersten Umständen.«

John Berger

Einleitung

Als meine Ehe nach dreißig gemeinsamen Lebensjahren scheiterte, musste ich lernen, zuversichtlich zu sein. Da Sie dieses Buch in die Hand genommen haben, ist vielleicht auch in Ihrem Leben etwas ohne Vorwarnung eingetreten. Wie ein Schiff, das mit einem ungesehenen Eisberg kollidiert, ist Ihr Boot gesunken, und Sie kämpfen um Ihr Leben. Wenn so etwas geschieht, fühlen wir uns verunsichert und wissen nicht mehr, wie wir unser Leben fortsetzen sollen. Ich neige normalerweise nicht zu Depressionen. Ich bin gewöhnlich gut gelaunt, energiegeladen und lasse mich durch Rückschläge nicht entmutigen. Daher wurde ich, als meine Frau und ich uns trennten und dann scheiden ließen, von meiner trüben Stimmung, geringen Energie und dem Verlust jeglicher Begeisterung völlig aus der Bahn geworfen. Am schwierigsten war die Arbeit. Es gibt nichts Schlimmeres als einen depressiven Psychologen. Ich arbeitete weiter in der Klinik, aber es fiel mir schwer, Leuten zuzuhören, die über ihre Depressionen sprachen, während ich meine eigene kaum verkraften konnte. *Sie glauben, das ist schlimm? Dann lassen Sie sich erzählen, wie es mir ergangen ist …*

Ich kam in Kontakt mit der Positiven Psychologie. Mein bester Freund machte eine Fortbildung zum positiven Psychologen, und er riet mir, deren Techniken auszuprobieren – zum Beispiel jeden Morgen den vorigen Tag durch die Linse der Dankbarkeit zu betrachten – oder jemand anderem etwas Gutes zu tun. Zunächst schien es, als würde ich mit Erbsen auf einen Panzerkreuzer schießen. Wie sollten diese kleinen Änderungen etwas gegen den riesigen Schmerz in meinem Innern ausrichten? Aber nichts anderes half. Ich brauchte Hilfe, um mein Leben und meine Zukunft wieder wertzuschätzen. Das war früher nie ein Problem gewesen, aber nun kam es mir unmöglich vor.

Alles, wofür ich gearbeitet, worauf ich gehofft und woran ich geglaubt hatte, lag scheinbar in Trümmern. Meine Vision für die Zukunft beschränkte sich aufs bloße Überleben. Dankbar zu sein und anderen Gutes zu tun, entsprach nicht meinen Vorstellungen von Genesung. Es kam mir zu schlicht, zu einfach, zu uneffektiv vor, um mir aus meiner Niedergeschlagenheit zu helfen. Ich musste mich mit äußerst schmerzhaften finanziellen, sozialen und emotionalen Problemen herumschlagen. Wie sollte sich das verändern, wenn ich meinen elenden Tag durch die Linse der Dankbarkeit betrachtete?

Mein Freund blieb dennoch beharrlich und schleifte mich mit auf den ersten Kongress der *International Positive Psychology Association*, wo ich zum ersten Mal von der tiefgreifenden Forschung erfuhr, die auf diesem Gebiet stattfindet. Wenn das, was hier vorgestellt wurde, auch nur ansatzweise stimmte, dann stand die Psychologie vor einer neuen Morgenröte. Ich erfuhr, dass die Positive Psychologie sich mit den Stärken befasst, die Menschen und Gemeinschaften befähigen, aufzublühen und zu gedeihen, denn sie basiert auf der Überzeugung, dass alle Menschen nach einem erfüllten, bedeutungsvollen Leben streben, und sie richtet ihr Augenmerk darauf, wie man die inneren Stärken am besten fördern kann. Die Forschung hat das Ziel, dass man sich öfter glücklicher fühlt, indem man Liebe, Arbeit und Spiel intensiver erlebt. Diese Herangehensweise bot mir einen Vorgeschmack auf echte Zuversicht.

Auf einfachste Weise vermittelte mir diese Forschung, dass es möglich war, etwas an meinen Gefühlen zu ändern, dass ich meine Gefühle aktiv *verwandeln* konnte. Nach meiner ganzen Ausbildung, meiner Berufserfahrung und bei aller Supervision kam ich hier zum ersten Mal zu der Überzeugung, dass düstere Gefühle tatsächlich verändert und nicht nur ertragen werden können. Dieser Gedanke führte dazu, dass ich mir die Erkenntnisse und die Praktiken der Positiven Psychologie zu eigen machte, die mich lehrten, wieder Hoffnung zu schöpfen.

Vom Überleben zum Wohlbefinden

Das Feld der klinischen Psychologie konzentriert sich herkömmlicherweise darauf, die Probleme, die emotionalen Schmerz und Geisteskrankheiten verursachen, zu identifizieren und dann daran zu arbeiten, die Symptome zu mildern. Funktionieren unsere Methoden – verschiedene Arten der Gesprächstherapie, manchmal Medikation? Ja. Funktionieren sie gut und nachhaltig? In allzu vielen Fällen muss man das leider verneinen.[1] Es lässt sich nicht verhehlen, dass 80 Prozent derer, die von einer Depression geheilt werden, einen Rückfall erleiden.[2] Wenn Sie dieses Buch lesen, gehören Sie vielleicht zu diesen 80 Prozent.

Vielleicht haben Sie etwas gefunden, das Ihnen geholfen hat – Therapie, Medikamente, Ernährungsumstellung, Sport, besserer Schlaf, mehr Sonnenlicht –, aber vielleicht hat es nur ein bisschen geholfen oder nur für eine begrenzte Zeit. Die Bemühungen hatten Erfolg, waren aber nicht nachhaltig. Warum? Weil die traditionelle Psychologie und die Medikamente eo ipso nur die halbe Arbeit leisten: Sie holen uns aus dem Loch, aber sie halten uns nicht wirklich davon fern. Der Teufelskreis geht weiter.

Was aber ist mit den 20 Prozent, die gesund werden und keinen Rückfall erleiden? In einer Reihe von Studien, die darauf abzielten, Depressionssymptome zu vermindern, fanden die Forscher heraus, dass die Teilnehmenden durch ganz einfache Methoden, mit denen sie ihre inneren Stärken zu fördern lernten, nicht nur keinen Rückfall erlitten, sondern auch über ein Jahr lang imstande waren, ihr Wohlbefinden aufrechtzuerhalten.[3] Sie lernten nicht nur, der Depression auszuweichen, sie lernten ebenso oft, daran zu wachsen.[4] Sie lernten *Zuversicht*.

Wie wir auf diesen Seiten sehen werden, ist Zuversicht – oder Hoffnung, wie ich sie auch nenne – nicht so sehr ein Gemütszustand als vielmehr eine *angewöhnte Haltung* des Bewusstseins und des Herzens. Und Gewohnheiten kann man ändern.

Hoffnungsfähigkeiten können keine der Behandlungen ersetzen, um eine Depression in den Griff zu bekommen. Wenn Sie eine Depression haben und Medikamente nehmen müssen, dann fahren Sie unbedingt damit fort. Wenn Sie eine körperliche Routine haben, die Ihnen hilft, machen Sie damit weiter. Wenn Sie gesunde Gewohnheiten entwickelt haben wie Sport, guten Schlaf, gesunde Ernährung – dann bleiben Sie dabei! Sie fördern Ihre seelische genauso wie Ihre körperliche Gesundheit. Wenn es auf diesen Gebieten noch Verbesserungsmöglichkeiten gibt, dann wird Ihnen das, was Sie in diesem Buch lesen, helfen, diese Verbesserungen anzugehen.

Gewohnheiten des Herzens, des Bewusstseins und Körpers wirken sich positiv oder negativ auf unsere Stimmung aus, je nachdem. In diesem Buch will ich eine Reihe von Gewohnheiten von Herz und Bewusstsein vorstellen, die dazu dienen, unser Wohlbefinden zu fördern. Wenn wir der Wissenschaft der Positiven Psychologie folgen, die sich mit dem emotionalen Wohlbefinden beschäftigt, können wir den Einfluss, den gesunde Strategien auf unser Leben haben, maximieren. Und Sie werden zusätzliche Werkzeuge kennenlernen, mit denen Sie Ihre bisherigen Lebensroutinen erweitern können.

Die Praktiken der Positiven Psychologie werden Ihren Werkzeugkasten bereichern, mit dem Sie nicht nur Niedergeschlagenheit, negative Gedanken und Trauer bekämpfen, sondern auch Ihre positiven Eigenschaften formen und fördern. Genuss, Achtsamkeit, Vertrauen, Hoffnung, Wohlbefinden und Optimismus sind nur einige der seelischen Bereiche, die Sie für sich stärken werden. Wenn Sie Instrumente an die Hand bekommen, die sowohl Ihr Leid lindern als auch Ihr Wohlfühlen steigern, dann lernen Sie, sich aus einem negativen Bereich herauszuarbeiten, auch draußen zu bleiben und ein glücklicheres Leben zu führen.

Es ist nämlich einfach so: Nicht deprimiert zu sein ist nicht dasselbe, wie glücklich zu sein. Ob Sie nun mit einer milderen oder einer schlimmeren Form der Depression kämpfen, Sie werden lernen, die Hoffnung zu stärken und glücklicher zu sein. Die Werkzeuge der herkömmlichen Psychologie dienen dazu, Leid zu lindern. Die Werkzeuge der Positiven Psychologie fördern das Wohlbefinden. Die Verbindung aus beidem führt zu einer echten und nachhaltigen Veränderung. Diese Fähigkeiten haben die Kraft, Ihr Welterleben zu verändern.

Ihr Weg durch dieses Buch

Wenn wir keine Fortschritte machen, so liegt das daran, dass wir die Hindernisse nicht sehen, die wir uns selbst in den Weg legen, einschließlich unserer eigenen Entscheidungen und Gedankenschleifen. Immerfort kreisende Gedanken rauben uns Energie und blockieren unsere Positivität. Die Abwärtsspirale negativer Gedanken ist wie ein Zug ohne Bremse – sie führt dazu, dass wir unsere Situation als fest und unveränderbar wahrnehmen. Wenn Sie jemals zu erschöpft waren, um auch nur zu versuchen, aus Ihrer Niedergeschlagenheit herauszufinden – so sind Sie nicht allein.

Was uns vertraut ist, zieht uns an, und wenn das Vertraute eben aus negativem Denken besteht, dann wird es uns schwerfallen, Positives überhaupt zur Kenntnis zu nehmen. Das ist ein *circulus vitiosus*, und dieses Buch wird Sie lehren, diesen Teufelskreis zu unterbrechen und seine Richtung umzukehren – von heute an. Einige Werkzeuge, die Sie in diesem Buch erlernen werden, helfen Ihnen, sich aus der Vergangenheit zu befreien, andere werden Ihnen helfen, die Gegenwart wirklich zu erleben und Ihre Zukunft neu zu gestalten. Die besten Praktiken können all dies gleichzeitig erreichen.

Das Buch ist so strukturiert, wie ich auch meinen Klientinnen und Klienten diese Prinzipien nahebringe. Das erste Kapitel gibt Ihnen Grundkenntnisse über die Prinzipien der Positiven Psychologie und der Forschung, die sich mit der effektiven Unterbrechung depressiver Abwärtsspiralen beschäftigt. Es wird Sie auch mit einigen Übungen vertraut machen, die Ihnen einen Eindruck vermitteln, wie wirkungsvoll diese Instrumente sein können. Jedes der dann folgenden sieben Kapitel handelt von einer Entscheidung, die Sie treffen können, um Zuversicht zu erlernen, sowie von den Werkzeugen, die dabei helfen, diese neuen Gewohnheiten zu entwickeln. Wenn sie zur Gewohnheit werden, wird es zunehmend leichter, diese Werkzeuge anzuwenden.

Entscheidung	Werkzeuge, um:
Möglichkeiten sehen	die eigenen Überzeugungen über unsere Einschränkungen anzufechten
Die Wahrnehmung verändern	negative Überzeugungen in zuversichtliche zu verwandeln
Gefühle formen	positive Emotionen zu üben
Eigene Stärken erforschen	die besten Charaktereigenschaften herauszufinden, um das Leben zu verbessern
Mikroziele setzen	Ziele zu setzen, die so angepasst sind, dass sie motivierend wirken
Einen Lebenssinn finden	Lebensprioritäten zu entwickeln und herauszufinden, was einem wichtig ist
Beziehungen wertschätzen	Zu anderen eine Verbindung aufzubauen und zu lernen, wie man gibt und empfängt

Jedes der folgenden Kapitel wird die Grundideen vorstellen, die wir durcharbeiten wollen, in die Forschung einführen und Ihnen durch Explorationsübungen zu neuen Fähigkeiten und praxisbezogenen Werkzeugen verhelfen. All dies wird Ihre Zuversicht, Resilienz und Ihr Wohlbefinden stärken. Außerdem werde ich von beispielhaften Fallstudien berichten. Alle Namen und Details sind gemäß den Richtlinien der *American Psychological Association* zur Verwendung von Fallstudien durch Fremdnamen etc. ersetzt worden.

Damit Sie Ihre Fortschritte verfolgen können, schlage ich vor, dass Sie ein Tagebuch führen, in handschriftlicher oder digitaler Form. Es ist mir wichtig, dass Sie spüren, was geschieht, wenn wir diese Explorationen unternehmen, damit Sie ihre Wirkung abschätzen können. Am effektivsten ist es, wenn Sie die Übungen immer gleich durchführen. Ich weiß, dass die Versuchung groß ist, weiterzulesen und die Aufgaben auf später zu verschieben, aber wenn Sie sie machen, sobald sie im Buch auftauchen, nehmen Sie deutlicher wahr, wie es sich anfühlt, wenn wir unseren Blickwinkel und die Art, wie unser Gehirn Informationen verarbeitet, verändern. Das wird Ihnen immer wieder vor Augen führen, was wie funktioniert hat.

Fangen wir an – die Hoffnung steht vor der Tür.

*»Im Leben geht es nicht darum,
sich selbst zu finden.
Es geht darum, sich selbst
zu erschaffen.«*

George Bernard Shaw

KAPITEL 1

Positive Psychologie als Wissenschaft der Zuversicht

In New York steige ich oft an der Penn Station um, und im Lauf der Jahre habe ich dort viele bettelnde Obdachlose erlebt sowie talentierte Instrumentalisten, die für das Kleingeld der Pendler musizieren. Eines Nachmittags spielte ein hervorragender Geiger ein unbekanntes Violinkonzert, das ein beträchtliches Publikum anzog. Da witterte ein Obdachloser seine Chance und begann, die Zuhörer um Geld anzubetteln. Er hielt jedem seinen Kaffeebecher mit Kleingeld hin, schüttelte ihn und erklärte dazu, er brauche »nur einen Vierteldollar«. Den meisten ging sein störendes Verhalten auf die Nerven, mich eingeschlossen.

Schließlich landete er bei jemandem, der einfach nur den Kopf schüttelte und auf den Geiger deutete. Als erwachte er jetzt erst aus einer Trance, begann der Obdachlose, leise schwankend zuzuhören. Er schien magisch angezogen zu werden von der Musik, und seine zögernden Schritte trugen ihn allmählich direkt vor den Musiker. Er bückte sich und leerte seinen mit Kleingeld gefüllten Kaffeebecher komplett in den offenen Geigenkasten. Dann zeigte er dem Geiger, der dankbar den Kopf neigte, den erhobenen Daumen. Fast jede Person, die Zeuge dieses Augenblicks wurde – auch ich –, zückte das Portemonnaie, um beiden Männern Geld zu geben.

Mir erschien diese Szene in der Penn Station wie eine Allegorie. Man könnte den Obdachlosen als Verkörperung unserer negativen und ärgerlichen Gedanken sehen, die uns hindern, etwas Gutes zu bemerken und zu würdigen. Doch als man ihn darauf aufmerksam machte, wie schön, erhebend und wohltuend die Musik war, und er dem Musiker sein ganzes Vermögen schenkte, bekam der Obdachlose weit mehr zurück. Seine Bedürfnisse wurden unverhofft mit Überfluss gestillt.

Genau dieser Ablauf findet auch in unserer eigenen Wahrnehmung statt. Wenn wir uns von störenden negativen Gedanken ab- und etwas Positivem zuwenden, bekommen wir alles, was wir brauchen – und noch einiges dazu. Als ich während meiner eigenen Depression anfing, Werkzeuge der Positiven Psychologie anzuwenden, ließ zum ersten Mal die Traurigkeit nach, und ich empfand Hoffnung. Ich spürte mehr Energie und Positivität, was mich wiederum dazu motivierte, eine Veränderung in Angriff zu nehmen. Seit ich mich in die Frage vertieft habe, wie Hoffnung funktioniert, blüht mein Leben in einer Weise auf, die ich mir niemals hätte träumen lassen. Und wenn Sie diese Prinzipien anwenden, wird es Ihnen genauso gehen. Sie sollen nicht bloß überleben – es soll Ihnen gut gehen.

Mein Hauptziel ist, Ihnen Werkzeuge an die Hand zu geben, die Sie benutzen können, wenn Sie schwere Zeiten durchmachen, Werkzeuge, die das Leben wieder anfachen und Ihnen eine aktive Rolle darin geben. Es ist enorm wertvoll zu lernen, wie man mit den eher bitteren und schwierigen Aspekten des Lebens umgehen kann, denn daran wachsen wir. Damit wir uns besser fühlen und besser funktionieren, müssen wir unsere Kämpfe und Schwierigkeiten anders wahrnehmen und erleben – nämlich durch die Linse der Hoffnung. Dass wir dies lernen können, ist das große Versprechen der Positiven Psychologie. Hoffnung entsteht, wenn man überzeugt ist, dass eine Veränderung möglich ist, und wenn man das Werkzeug besitzt, sie in die Tat umzusetzen.

Wenn man ein Holzhaus baut, benötigt man zunächst Spaten, um den Boden für das Fundament vorzubereiten, und danach Hammer und Nägel, um die Wände zu errichten. Genauso braucht man verschiedene Werkzeuge, wenn man sich daranmacht, Zuversicht aufzubauen. Hausbauer wie Hoffnungsbauer brauchen einen Plan, einen Grundriss, der sie anleitet. Der Grundriss für die Hoffnung basiert auf der simplen Tatsache, dass wir unsere Zukunft beeinflussen können.

Der Richtungswechsel der Psychologie – weg von der Beschäftigung mit der Vergangenheit hin zur Gestaltung der Zukunft

In den 1960er-Jahren stellte Martin Seligman[1] folgende Theorie auf: Wenn man sich einmal in seinem Leben hilflos gefühlt und sein Ziel aufgegeben hat, wird in der Folge in vergleichbaren Situationen wieder Hilflosigkeit ausgelöst, was Depressionssymptome verursacht. Ursprünglich erforschten er und Steve Maier, warum Tiere nach einem Schock, der von unkontrollierbaren aversiven Ereignissen ausgelöst wird, nicht die Flucht ergreifen. Aus diesen Studien erwuchs der Begriff »erlernte Hilflosigkeit«, der schließlich auch auf die Passivität angewandt wurde, die daraus resultiert, dass jemand aufgrund einer vergangenen Lernerfahrung unfähig ist oder sich für unfähig hält, das Ergebnis einer bestimmten Situation zu kontrollieren. In den 1960er-Jahren existierten weder das Wissen noch die Technologie, um die Funktionsweise des Gehirns im Einzelnen zu untersuchen. Daher ging man davon aus, dass Depressionen die Folge *erlernter* Hilflosigkeit seien. Seligmans Forschung und seine Theorie dominierten die Ansichten über Depressionen in der Psychologie – bis vor kurzem.

In ihrer fünfzig Jahre später unternommenen Folgestudie widerlegten die Forscher jedoch ihre ursprüngliche Theorie. Nachdem sie in der Lage waren, alle Neuentwicklungen der Hirnforschung und Biochemie einzubeziehen, kamen sie zu dem Ergebnis: »Passivität als Reaktion auf ein Schockerlebnis ist nicht erlernt. Sie ist die voreingestellte, ungelernte Reaktion auf lang andauernde aversive Ereignisse … die ihrerseits die Fluchtreaktion hemmt.«[2] Diese fundiertere Einsicht verlangt, dass wir *nach vorne schauen*, um Kontrolle zu gewinnen – anstatt rückwärts, um etwas Geschehenes zu verlernen.

Diese neuen Entdeckungen erklären, warum schlimme Erlebnisse bewirken, dass wir Angst haben und passiv werden: durch Voreinstellung. Wir sind von der Evolution so programmiert, dass wir uns totstellen, wenn uns etwas dramatisch Negatives von einiger Dauer zustößt. Wir werden passiv, weil die Evolution uns mit einem Schalter versehen hat, um Energie zu sparen, wenn unsere Lage fast aussichtslos erscheint.

Das bedeutet für die Hoffnung, dass gerade unsere Fähigkeit, *zukünftige* Kontrollmöglichkeiten zu *entdecken* und zu *erwarten*, uns aus den Niederungen heraushilft. Wenn man sich darauf konzentriert, was man in der Zukunft tun kann, statt darauf, was in der Vergangenheit vorgefallen ist, gewinnt man Zuversicht. In den Worten der beiden Forscher: »Wir vermuten, dass die Erwartung auf eine bessere Zukunft die Hauptrolle bei jeder Therapie spielt.«[3]

Das hat direkte Implikationen für die Entwicklung von Zuversicht. Unsere Motivation hängt davon ab, wie gut wir uns vorstellen können, was noch vor uns liegt. Wenn wir unser Augenmerk nur auf die Dinge richten, die in der Vergangenheit geschehen sind, bleiben wir immer im Dunkeln sitzen. Wenn wir uns auf die Möglichkeiten der Zukunft konzentrieren, können wir im Licht stehen.

Die von Maier und Seligman entdeckte Vernetzung im Gehirn, die diese Vorausschau in die Zukunft reguliert, hat passenderweise den Namen *hope circuit* (Hoffnungsschaltkreis) erhalten.

Die Rolle der Hoffnung in unserem Leben

Nach Martin Seligman, dem »Vater der Positiven Psychologie«, bedeutet Hoffnung die Erwartung, dass zukünftige Unglücksfälle zeitlich begrenzt, spezifisch und beherrschbar sein werden. Für andere Forscher*innen, wie zum Beispiel Charles (Rick) Snyder und Jennifer Cheavens[4], hängt Hoffnung damit zusammen, dass man den Weg zu einem Ziel vor sich sieht und die Fähigkeit oder Motivation besitzt, dieses Ziel zu erreichen. Wieder andere Forschende, wie Barbara Fredrickson, verstehen unter Hoffnung eine Ausnahme, weil sie, anders als andere positive Emotionen, nur auf den Plan tritt, wenn unsere Lage problematisch oder zumindest unsicher ist.[5] Und Mediziner*innen wie Kaye Herth[6] haben herausgefunden, dass Hoffnung sich einstellt, wenn genug Unterstützung vorhanden ist.

Bislang hat sich noch keine umfassende Hoffnungstheorie herausgeschält. Die Forschungsergebnisse gleichen der Parabel von den drei Blinden, die jeweils einen Teil eines Elefanten abtasten und daraufhin beschreiben, wie er aussieht: Jede Beschreibung trifft zu, ist aber nicht vollständig. Darum habe ich mir vorgenommen, die Puzzleteile aus verschiedenen Theorien und Erkenntnissen zusammenzusetzen. Das Ergebnis ist ein Werkzeugkasten, mit dessen Hilfe sich Hoffnung herstellen lässt.

Sehr zuversichtliche Menschen verfügen über große Tatkraft, Energie und Motivation, etwas zu verändern. Sie haben auch einen Plan, einen Weg, um ihr Ziel zu erreichen, und sie verfügen über eine besonders ausgeprägte Fähigkeit, sich neue Wege zu überlegen, wenn sie auf Hindernisse stoßen. Sie sind nicht nur resilient, sondern auch erfinderisch. Darauf wollen wir in diesem Buch hinarbeiten.

Zuversicht verleugnet nicht das Negative

Über die Hoffnung zirkulieren verbreitete Missverständnisse, die ich in diesem Kapitel behandeln möchte. Hier ist das erste:

Mythos #1: Hoffnung ist rein positiv.

Tatsache ist: Die Hoffnung ist die einzige positive Emotion, für die Negativität oder Ungewissheit eine Grundbedingung ist.

Die Hoffnung braucht Negativität oder Ungewissheit, um Blüten zu treiben. Gerade Hindernisse, Rückschläge und Enttäuschungen enthalten den emotionalen Dünger für inneres Wachstum.[7] Die Geschichte der Psychologie lehrt uns eine Menge über entmutigende Emotionen. Dass die Positive Psychologie das am schnellsten wachsende Spezialgebiet auf diesem Feld ist, liegt an der Wirkung, die positive Emotionen auf negative ausüben können. Durch die Anwendung bestimmter Werkzeuge, die unsere positiven Emotionen aktivieren und verstärken, gelingt es, die negativen Emotionen, die unser Leben manchmal fest im Griff haben, abzuschütteln.

Zuversicht ist deswegen einzigartig, weil sie im Gleichgewicht zwischen Positivem und Negativem lebt. Wie wir sehen werden, erwächst sie aus einer Reihe von Entscheidungen darüber, wie wir Rückschläge interpretieren und uns in der Welt verhalten. Die Hoffnung ist ein Samenkorn, das, einmal im Humus unseres Lebens eingepflanzt, alles tun wird, um ans Licht zu kommen.

> Selbstexploration
> **Die Gedanken, die uns hemmen**
>
> Eine Haupteigenschaft depressiven Denkens ist das Grübeln. Diese vertrauten, sich wiederholenden Gedanken ziehen uns in eine Abwärtsspirale und rauben uns jegliche Energie für Veränderung. Da wir uns einem Perspektivwechsel nähern, der Hoffnung ermöglichen soll, möchte ich Sie einladen, die wiederkehrenden Gedanken, die Sie hemmen, niederzuschreiben. Dies ist der erste Schritt, sie zu identifizieren. Sie werden sich mit diesen Gedanken jetzt noch nicht auseinandersetzen, aber Sie sollten doch ein Gespür dafür bekommen, womit Sie es zu tun haben.
>
> Überlegen Sie sich, was Sie sich wünschen oder früher gewünscht haben und was Sie daran hindert, diese Ziele zu erreichen. Wo stecken Sie fest? Bitte nehmen Sie sich Zeit, dies jetzt in Ihr Tagebuch zu schreiben. Ob Sie es glauben oder nicht, schon das bloße Schreiben über die Dinge, die Sie quälen, hat nachgewiesenermaßen einen therapeutischen Effekt. Wenn Sie dann die Werkzeuge dafür entwickeln, diese Gedanken umzukehren, werden wir in Kapitel 6 darauf zurückkommen.

Schon mit geringem Aufwand kann man Hoffnung wecken

Hoffnung ist nicht die Sehnsucht nach etwas, das man nicht erreichen kann. Zu ihr gehört vielmehr die effektive Fähigkeit, Dinge zu verändern.

Mythos #2: Hoffnung hat man, oder man hat sie nicht.

Tatsache ist: Hoffnung kann aktiviert und ausgebaut werden.

Es ist nachgewiesen, dass bereits geringe Verbesserungen zuversichtliche Gefühle aktivieren – woraus folgt, dass die Hoffnung gesteuert, gestärkt und weiterentwickelt werden kann.[8] So wie es aussieht, zieht die Verminderung negativer Gefühle auch ein höheres Maß an Zuversicht nach sich.[9]

Das dreht das Spiel komplett um – es ändert radikal unser Verständnis dafür, wie wir Zuversicht in unser Leben holen. Anstatt darauf zu warten, dass sich Hoffnung einstellt und uns motiviert, können wir sofort etwas tun, um sie zu aktivieren und unserer Aufmerksamkeit näher zu bringen. Wir haben die Macht, Hoffnung zu aktivieren, indem wir bessere Entscheidungen treffen.

Niedergeschlagenheit kommt nicht von ungefähr. Es gibt bestimmte Gründe dafür, warum sie existiert. Depressionen entstehen typischerweise aus Sorgen, und wir Menschen wurden geboren, um uns Sorgen zu machen. Aber worüber, wie oft und wann wir uns Sorgen machen, ist bei jedem verschieden, und wenn Sie lernen, diese Muster zu verändern, wird Ihnen das helfen, der Negativität zu entkommen und Ihre Stimmung zu verbessern. Zuallererst müssen wir uns klarmachen, dass wir dazu neigen, dem Negativen mehr Aufmerksamkeit zu schenken als dem Positiven.

Die Neigung, sich immer dem Negativen zuzuwenden

Unser bloßes Menschsein prädestiniert uns gewissermaßen zu negativen Gedanken. Ein simples Beispiel ist ein Fremdkörper zwischen den Zähnen, etwa eine Pflanzenfaser oder dergleichen. Womit beschäftigt sich die Zunge? Sie geht direkt an die Problemstelle und arbeitet daran, das Problem zu beheben. Wenn Sie sich auf die Lippe gebissen haben, tut die Zunge dasselbe – sie macht sich sofort auf, den Schmerz zu lindern. Die Zunge beschäftigt sich aber *nie* mit den Backenzähnen, nur um zu spüren, wie gut sie sich anfühlen. Der vorgegebene Mechanismus der Zunge dient dem Sauberhalten des Mundes, und so ist sie ständig auf der Suche nach Problemen. Wenn etwas schlecht schmeckt, sich ungut anfühlt oder verletzt ist – wird die Zunge in Alarmbereitschaft versetzt und arbeitet an einer Lösung. Aber wenn Ihre Zunge merkt, dass alles in Ordnung ist, dann tut sie überhaupt nichts.

Genauso funktioniert unser Gehirn. Ein Gehirn ist zuallererst einmal ein Werkzeug zum Überleben. Seine Hauptaufgabe ist es – wie bei der Zunge –, uns vor allem zu beschützen, was falsch, schlecht oder gefährlich ist. Das Gehirn hat im Lauf seiner Evolution eine »Negativitätsverzerrung« entwickelt, wie die Evolutionswissenschaft es nennt: Unser Gehirn ist so verdrahtet, so dass wir uns von Dingen, die uns schaden könnten, fernhalten.[10]

Das Gehirn bewertet ständig, was eine Bedrohung ist und was nicht. Wenn etwas als Gefahr klassifiziert wird, überlegt das Gehirn, was jetzt zu tun ist. Wenn Sie je in der Stadt zwischen Hunderten von Menschen eine Straße entlanggelaufen sind, wissen Sie, was geschieht, wenn eine Person plötzlich laut schreit oder Streit mit jemandem anfängt. Sie werden in Alarmbereitschaft versetzt und versuchen die Situation einzuschätzen. *Soll ich fliehen? Soll ich hin-*

gehen? Stehenbleiben? Die Gefahr beherrscht unsere Konzentration und unsere Aufmerksamkeit. Unser Gehirn versucht herauszufinden, was los ist, und solche Bewertungen macht es zwischen zwanzig- und fünfzigtausendmal am Tag.

Negative Gedanken sind oft die notwendige Zutat für unseren Erfolg, denn sie können uns motivieren, uns zu verändern. Haben Sie sich nicht gerade deswegen dieses Buch besorgt? Ihre negativen Gedanken, Gefühle und Erfahrungen haben in Ihnen den Glauben geweckt, dass irgendetwas helfen könnte. Ihr Schmerz hat das Bedürfnis nach Veränderung geweckt und Hoffnung generiert – statt Sie an Ihre Schwäche zu erinnern, hat er Ihre Resilienz zum Vorschein gebracht. Sie können lernen, diese Resilienz jederzeit wachzurufen, wenn Sie sie brauchen.

Die ausgleichende Kraft der Positivität

So wie die Zunge mehr tut, als uns zu schützen, hat das Gehirn noch andere Aufgaben, als sich Sorgen zu machen. Sowohl das Überleben als auch der Genuss sind eine Voraussetzung, dass wir uns sicher und glücklich fühlen. Wir brauchen beides: dass wir abgestoßen werden von allem, was uns Schaden zufügen kann, und uns anziehen lassen von Dingen, die uns Wachstum ermöglichen. Die Beschränkung auf die Sorgen lässt das Zünglein an der Waage zu weit in Richtung von Angst und Depression ausschlagen. Wenn wir uns nur auf die angenehmen Seiten des Lebens konzentrieren, machen wir uns zu verletzlich. Wir müssen unsere Fähigkeiten und Beweggründe auf ein einheitliches Niveau bringen – wir brauchen ein emotionales Gleichgewicht, wie es uns die antiken Philosophen schon immer nahegelegt haben.

Was geschieht, wenn Sie etwas Gutes sehen? Wenn Sie sind wie ich, werden Sie es vermutlich bemerken, aber Sie werden ihm nicht annähernd so viel Aufmerksamkeit schenken wie etwas Bedrohlichem. Jemand, der einer alten Frau hilft, ihre Tüten zu tragen, wird zwar bemerkt, aber jemand, der einen vorbeifahrenden Radfahrer anbrüllt, kidnappt unsere Aufmerksamkeit.

Wir sind darauf programmiert, Negatives zu bemerken, aber die dauerhafte Beschäftigung damit ist die Folge einer Entscheidung. Eine Depression wird dadurch verursacht, dass wir uns wiederholt auf das Negative fokussieren – und dann dort steckenbleiben. Sie stellt unsere Schwächen in den Vordergrund und löscht das Mögliche aus unserer Zukunft.

Wenn ein Hindernis sich zwischen Sie und Ihr Ziel stellt und Sie keinen Ausweg mehr finden können, dann zwingt die Enttäuschung Körper und Gehirn zu einer Reaktion. Meistens ist die erste Reaktion Zorn – wir geben anderen die Schuld für das Geschehene. Dann geben wir oft uns selbst die Schuld. Danach geben wir gewöhnlich auf. Wozu das Ganze?

Diese ersten Reaktionen sind tief in unserer Evolution verwurzelt. Wie die Zunge oder das Gehirn schätzen wir eine mögliche Bedrohung ein. Kann uns das schaden? Sollen wir vor dem Konflikt fliehen? Oder angreifen? Oder sollen wir die Situation näher untersuchen, um eine Idee zu entwickeln, was wir tun könnten? Diese Augenblicke mögen wie ein Reflex wirken, aber man nimmt eine Einschätzung vor, man *trifft eine Entscheidung* über die Schädlichkeit der möglichen Bedrohung. Man trifft eine Entscheidung über das weitere Vorgehen.

Die neuere Forschung[11] zeigt, dass Depressionssymptome vorgegebene Reaktionen auf negative Ereignisse sind. Das stellt die Depression in dieselbe Kategorie wie andere (situationsgebundene) Bedrohungen, bei denen wir gezwungen sind, Alternativen zu bewerten und eine Entscheidung zu treffen. In der gleichen Weise, wie negative Ereignisse unsere Aufmerksamkeit kidnappen, woraufhin wir das Bedrohungspotenzial der Situation abschätzen, tun dies auch Gefühle wie Zorn, Angst oder Lähmung, wenn bestimmte Erwartungen nicht erfüllt wurden. Wenn wir immerfort über Negatives grübeln, bringen wir unser Gehirn in eine bedrohliche Situation. Und dann? Geben wir auf. Warum sollten wir kostbare Energie gegen eine Bedrohung aufwenden, von der wir uns zunehmend überzeugen, dass wir sie nicht abwenden können? Wenn wir uns einreden, dass die Zukunft durch unser Handeln nicht verändert werden kann, dann ist die vorgegebene Antwort die Depression.

Evolutionäre Reaktionen durch Hoffnung ergänzen

Welche Rolle spielt die Hoffnung bei dieser Reaktion? Die Hoffnung ist eine zusätzliche Ressource, und sie kann als starke Alternative zu den anderen drei kultiviert werden. Kampf, Flucht oder Erstarrung sind nicht die einzigen Optionen. Zuversicht ist die vierte. Indem wir Hoffnung zu unserer Liste hinzufügen, erreichen wir ein stimmigeres und vollständigeres Verständnis für die Möglichkeiten, die uns zur Verfügung stehen, wenn wir mit Negativität oder Unsicherheit konfrontiert werden.

Hoffnung entsteht, wenn ein neuer Gedanke auftaucht und abschätzt, was wir mit der Situation anfangen können. *Gibt es irgendeine Möglichkeit, etwas zu verändern?* Die Hoffnung leugnet die problematische Lage nicht – sie definiert sie nur anders. Es verhält sich ähnlich, wie als Sie dieses Buch in die Hand genommen haben. Sie haben dabei Ihre Situation nicht verleugnet, Sie haben einfach nur nach einer anderen Möglichkeit gesucht, sie zu betrachten.

Wütend werden, aufgeben und sich gelähmt fühlen hat vielleicht mehr mit Reflexen zu tun als eine überlegte Reaktion, *aber sie sind dennoch das Ergebnis einer Bewertung.* Aufgrund der Negativitätsverzerrung bekommen negative Ereignisse eine höhere Priorität. Aber deshalb müssen sie nicht alles dominieren. Wenn man seine Einschätzung einer Sache nie infrage stellt, dann interpretiert die Negativitätsverzerrung unweigerlich das Geschehene als Bedrohung. Dadurch bleiben wir stecken. Wir schätzen die Situation immer von neuem als bedrohlich ein und müssen uns vor ihr schützen, denn unser Hauptziel ist es, zu überleben.

Wenn wir einen Menschen verlieren, wenn ein Vorhaben durchkreuzt wird oder wenn wir Angst haben, bewerten wir die Lage und untersuchen unseren Schmerz. Dabei werden eine oder beide notwendigen Voraussetzungen für Hoffnung aktiviert: Wir fühlen uns negativ und/oder unsicher. Zwar sind dies auch genau die Auslöser für die Kampf-, Flucht- oder Erstarrungsreaktion, aber sie sind auch der Funke, der die Flamme der Hoffnung entzünden kann. Wenn wir uns fragen: *Was kann ich jetzt tun?* – dann haben wir eine Chance. Statt auf Kampf, Flucht oder Erstarrung können wir uns auf die Zukunft konzentrieren. Auch die Hoffnung ist eine Bewertung – nämlich die unserer *zukünftigen* Möglichkeiten. Aber wir brauchen ein Werkzeug, um diesen Perspektivwechsel zu vollziehen.

Selbstexploration
Experiment zum Perspektivwechsel

Um zu illustrieren, wie ein Perspektivwechsel abläuft, schauen Sie sich die untenstehende Abbildung der Ente, die nach links schaut, gut an. Achten Sie auf den Schnabel und das Auge!

Jetzt schauen Sie langsam auf die rechte Seite der Abbildung. Dabei wird das Entenauge zum Auge eines Kaninchens, das nach rechts blickt. Die beiden Schnabelteile werden zu Kaninchenohren. Wenn Sie wieder nach links schauen, erkennen Sie wieder die Ente. Schauen Sie nach rechts, ist da das Kaninchen. Sie sollten in der Lage sein, zwischen den beiden Tieren zu wechseln und Ihren Eindruck zu verändern, je nachdem, worauf Sie sich konzentrieren.

Ich habe Sie gebeten, die Abbildung einer Ente anzusehen, und Sie haben sie ohne Mühe erkannt. Aber als Sie gebeten wurden, die Perspektive zu wechseln, erkannten Sie etwas anderes – ein Kaninchen. Beide Wahrnehmungsweisen sind gleichermaßen gültig. Da sie ermuntert wurden, die Abbildung auf eine bestimmte andere Weise zu betrachten, haben Sie das getan. Anschließend beinhaltete Ihre Wahrnehmung beide Sichtweisen. Mit der Veränderung Ihrer Betrachtungsweise änderte sich auch der Gegenstand, den Sie anschauten.

Genau das wollen wir erreichen: einen Perspektivwechsel. Sobald uns klar wird, dass man etwas auch anders wahrnehmen kann, haben wir die Wahl, wie wir es sehen wollen. Wenn wir durch irgendein Geschehnis in schlechte Laune versetzt werden, kann die ganze Welt uns öde und überflüssig vorkommen. Aber wenn wir es schaffen, unseren Blickwinkel nur ein kleines bisschen zu verändern und das Geschehene durch eine andere Linse zu betrachten, verändert sich etwas. Wir sehen die Welt anders und können positiver auf sie reagieren.

Entscheidend an dieser Übung ist, dass die Abbildung sich überhaupt nicht geändert hat – Sie haben sie nur anders wahrgenommen. Sie ist Ihnen anders vorgekommen, weil *Sie* Ihren Blickwinkel verändert haben. Genauso kann ein Perspektivwechsel dazu führen, dass Sie die Welt hoffnungsvoller wahrnehmen. Den Gegenstand, den wir betrachten, können wir nicht verändern, aber wir können durchaus unseren Blickwinkel verändern. Das ist der entscheidende Schritt, wenn man seinen Gemütszustand verändern will.

Zuversicht bedeutet etwas anderes, als darauf zu vertrauen, dass etwas oder jemand von außerhalb zu unserer Rettung eilen wird. Vielmehr gibt sie *uns selbst* die Kraft, unser Leben zu ändern – und wir können unser Leben lang davon zehren. Diese Unterscheidung ist wichtig für ein Gefühl der Selbstwirksamkeit und für die Motivation, die Funktionsweise unseres Gehirns zu verändern.

Mythos #3: Hoffnung ist dasselbe wie Glaube.

Tatsache ist: Hoffnung bedeutet, dass wir davon überzeugt sind, unsere Zukunft positiv beeinflussen zu können.[12] Glaube bedeutet zu erwarten, dass etwas anderes diesen Einfluss ausüben wird.

Sieben Entscheidungen, die Hoffnung machen (oder einschränken)

Wenn man seine Aufmerksamkeit immer nur auf das Negative richtet, übersieht man, was einen stärken kann, das ist wissenschaftlich erwiesen.[13] Das führt uns zu einem weiteren Missverständnis.

Mythos #4: Die Umstände bestimmen, wie viel Hoffnung man hat.

Tatsache ist: Man kann durch Anpassung seiner Ambitionen und Ziele selbst regulieren, wie viel Hoffnung man hat.[14]

Mit Hoffnung kann die Depression ein Katalysator für Veränderung werden, Angst kann sich in Courage verwandeln, und sogar ein Trauma kann sich als Möglichkeit für ein enormes persönliches Wachstum erweisen.[15] Wie auch immer wir verfahren, wir treffen in jedem Fall eine Entscheidung, wie viel Einfluss wir auf eine bessere Zukunft nehmen. Diese Entscheidungen können uns geistig, seelisch und körperlich in einen besseren Zustand versetzen – oder uns in eine Abwärtsspirale hinunterziehen.

Nach meiner Beobachtung gibt es sieben derartige Entscheidungen. Wenn man im Fällen *einer* Entscheidung Fortschritte macht, werden weitere Hoffnungsentscheidungen erleichtert. In ähnlicher Weise kann ein Fitnessprogramm Sie dazu bringen, bewusster zu essen. Wenn man mit *einer* guten Entscheidung anfängt, unterstützt das weitere.

Entscheidungen, die Hoffnung einschränken	Hoffnungsentscheidungen
Die Dinge als festgelegt und unveränderbar ansehen	Möglichkeiten sehen
Das Augenmerk auf Negatives richten	Schönes, Hilfreiches und Gutes wahrnehmen
Sich in der gewohnten Negativität einrichten	Positive Gefühle pflegen
Sich auf Schwächen konzentrieren	Den Fokus auf die eigenen Stärken legen
Engagement und Herausforderungen meiden	Herausfordernde Ziele setzen
Auf das Gefühl von Sinn und Bedeutung des eigenen Lebens verzichten	Einen Lebenssinn finden
In Isolation verharren und sich nur dem Eigeninteresse widmen	Beziehungen wertschätzen

So wie die verschiedenen Klangfarben des Orchesters sich zu einem harmonischen Gesamtklang verbinden, trägt jede dieser Entscheidungen etwas zum Ganzen bei. Daher widmet dieses Buch jeder von ihnen ein Kapitel.

Hoffnung bedeutet, die Zukunft zu bewerten und zu beeinflussen

Zuversicht hat mehrere Aspekte, die sich entwickeln lassen. Wie die positive Psychologin und Empfängerin des *MacArthur Fellowship* Angela Duckworth sagt: »*Ich habe das Gefühl, morgen wird ein besserer Tag* ist etwas anderes als *Ich beschließe jetzt, morgen zu einem besseren Tag zu machen.*«[16]

Sie lesen dieses Buch, weil Sie hoffen, Ihre Vorstellungen von dem, was möglich ist, verändern zu können. Wenn man Zuversicht kultiviert, widmet man sich der Zukunft auf proaktivere Weise, als man es unter den Vorzeichen einer Depression tut. Kampf, Flucht oder Erstarren üben Einfluss auf die Gegenwart aus. Die Hoffnung schätzt ab, wie viel Kontrolle wir über die Zukunft haben, und wählt dann die beste Reaktionsweise aus. Der Hoffnung liegen genau dieselbe Negativität und Unsicherheit zugrunde wie der Depression, aber die Hoffnung kehrt sie um und macht etwas Konstruktives daraus.

Die Depression scheint eine evolutionäre Reaktion auf eine chronisch schwierige Situation zu sein, in der wir keinen Ausweg mehr sehen. Wir geben auf, stellen uns tot und bewahren das Wenige, das wir noch übrig zu haben glauben, ohne ein Interesse daran zu haben, unsere Zukunft zu verbessern.

Negative Emotionen ziehen uns zwar in die Gegenwart und Vergangenheit, bewerten aber genau wie die Hoffnung auch die Zukunft – aber die Einschätzung ist abwertend. Bei der Depression heißt unsere Bewertung: *Wozu das Ganze?* Sie rät uns davon ab, Energie in Zukunftspläne zu investieren.

Die Hoffnung ist anders. Sie macht Voraussagen über Möglichkeiten. Sie erwächst zwar aus denselben Dynamiken, die auch die Depression auslösen, aber sie betrachtet Alternativen *zu einem Ziel hin*, statt sich davon abzuwenden. Wenn wir bessere Entscheidungen darüber fällen, wie wir wahrnehmen und was wir mit diesen Dynamiken anfangen wollen, kommen wir voran und nähern uns der Hoffnung. Man kann wütend werden, sich zurückziehen und aufgeben, oder man kann Zuversicht finden.

Eine Geheimzutat der Hoffnung ist die Neugewichtung. Als Sie zum Beispiel auf den Titel dieses Buches stießen, haben Sie vielleicht gedacht: »*Ja, genau!*« Oder Sie haben gedacht: »*Klingt interessant.*« Wie auch immer, Sie hatten das Buch schließlich in der Hand, und jetzt lesen Sie es. Damit haben Sie einen Schritt in Richtung *Möglichkeiten* gemacht. Zweifel haben die Entscheidung vielleicht erschwert, Neugier möglicherweise erleichtert. Aber es zählt die Handlung an sich. Ob bewusst oder unbewusst, Sie haben sich auf den Weg der Möglichkeiten begeben. Es folgten weitere Handlungen, die aufeinander aufbauten: Sie haben auf den »Kaufen«-Knopf geklickt, haben das Buch geöffnet und angefangen zu lesen, einen Zettel als Lesezeichen gefunden und so weiter. Stück für Stück haben Sie sich, ohne sonderlich darüber nachzudenken, in eine positive Richtung bewegt.

Es gibt ein »natürliches Ich« und ein »Gewohnheits-Ich«. Kein Kind kommt auf die Welt und denkt: *Was soll das Ganze?* Unser Naturzustand ist Neugier, lernen wollen, wie man sich weiterentwickelt, Hoffnung auf einen gewissen Einfluss über unsere Zukunft. Unsere Interpretation eigener Erfahrungen zieht Gedankengewohnheiten nach sich, und Gewohnheiten sind Entscheidungen, die man ändern kann. Wir bleiben in unserer Depression stecken, wenn wir diese Gedankengewohnheiten immer weiter pflegen; aber das Wissen, dass es einfach nur Gewohnheiten sind, gibt uns die Macht, sie zu verändern.

Die Hoffnung kehrt zum natürlichen Ich zurück – dem Ich, das längst da ist. In den Begriffen der Positiven Psychologie ist unsere Fähigkeit, uns zu ändern, eine Folge von Trippelschritten auf einem gepflasterten Weg positiver Möglichkeiten. Wenn man sich die Hoffnung zur Gewohnheit macht, werden all die kleinen positiven Entscheidungen ganz einfach, sogar automatisch. Das ist erlernte Zuversicht.

Wie man Perspektivwechsel einsetzt, um Zukunftsträume zu ermöglichen

Wenn wir aufhören, an uns selbst und unsere Ziele zu glauben, bemühen wir uns nicht mehr, die Dinge zu verbessern. Erinnern Sie sich an die Momente, in denen Sie aufgegeben haben: eine Arbeit, eine Beziehung oder eine Situation hat Sie blockiert und veranlasst, darüber nachzugrübeln, was schiefgelaufen ist, über die Ungerechtigkeit, über den Schmerz. Selbst wenn Aufgeben die beste Option ist, verursacht unsere Einschätzung der Zukunft Traurigkeit. Wir werden depressiv, weil wir nicht vor uns sehen, wie wir die Lage verbessern können. *Wenn Negativität und Unsicherheit als Hindernisse wahrgenommen werden, blockieren sie uns und führen zu Depression.*

Wir fällen eine Entscheidung aufgrund unserer Einschätzung der Lage, und unsere Einschätzung basiert auf unserer Wahrnehmung. Wenn es uns gelingt, unsere Lage ein klein wenig anders zu sehen, dann wandelt sich unsere Wahrnehmung. Dann können wir entweder den Weg zu unserem Ziel verändern oder uns einem anderen Ziel zuwenden. *Wenn Negativität und Unsicherheit als Hinweis verstanden werden, dass wir alle Kraft zusammennehmen müssen, ändern wir unsere Ziele oder unsere Methoden.*

Jede der sieben Entscheidungen in diesem Buch verlangt, dass Sie Ihren Blickwinkel verändern. So wie Licht, das durch ein Prisma fällt, sich natürlicherweise in verschiedene Farben aufspaltet, werden wir alte Denkgewohnheiten durch das Prisma der Perspektive filtern.

Wenn wir die Welt durch eine andere Linse betrachten, können wir unsere natürliche Neugier und Selbstwirksamkeit wiederherstellen. Diese Verschiebung hilft uns, die sieben Entscheidungen zu fällen, die uns zur Hoffnung führen. Hoffnung braucht Energie, um zu entstehen. Wo soll diese Energie herkommen? Wenn Sie das Glas als halb leer wahrnehmen, ist es schwer, in Begeisterung zu geraten. Jemand, der Ihnen sagt, Sie sollten es als halb voll betrachten, ist in der Regel keine große Hilfe. Der wirkliche Wandel tritt ein, wenn Ihnen klar wird, dass man Ihr Glas nachfüllen kann.

Wie die Psychologin Barbara Fredrickson[17] herausgefunden hat, generieren positive Emotionen Energie. Denken Sie zurück an das letzte Mal, als Sie in einem Konzert oder bei einer Sportveranstaltung waren oder mit Ihren Freunden zusammen gelacht haben. Wenn man sich gut fühlt, ist man voller Energie. Wir wollen unser Glas mit positiven Emotionen füllen.

Positive Gefühle wecken ein Verlangen nach »Erweiterung und Aufbau«, wie Fredrickson es nennt. Wenn man sie regelmäßig übt, wird die Bereitschaft für Veränderungen, für eine neue Wahrnehmung der Dinge und für eine Infragestellung unserer Wahrnehmung mühelos, weil sie so viel Energie freisetzt. In ihrem Buch *Positivität*[18] erklärt Fredrickson, dass man die Techniken auf neue Weise anwenden (Erweiterung) und sich neue Techniken aneignen will (Aufbau). Im Gegensatz zur Abwärtsspirale der Depression schafft dies eine Aufwärtsspirale der Positivität.

Positive Emotionen wahrnehmen und aktivieren

Sobald eine Wahrnehmung oder ein Denkmuster in Frage gestellt wird, müssen die daraus erwachsenden Möglichkeiten gefördert werden. Dafür sind positive Emotionen unabdingbar. Ich finde es nützlich, an positive Emotionen in Beziehung zur Zeit zu denken:

* Vergangenheit (Heiterkeit, Dankbarkeit, Zufriedenheit, Stolz, Vergebung)
* Gegenwart (Interesse, Vergnügen, Genuss, Ehrfurcht, Freude, Spaß, Achtsamkeit, Freundlichkeit)
* Zukunft (Hoffnung, Optimismus, Inspiration, Vertrauen)

Natürlich schließen sich diese Kategorien nicht gegenseitig aus. Beispielsweise ermöglicht uns eine Entflechtung der Vergangenheit durch Verzeihen und Vergeben, in der Gegenwart freundlicher zu sein. Wenn wir durch Negativität verfinstert sind, die aus einer vergangenen Verletzung resultiert, fällt es schwer, das Gute an der Gegenwart wahrzunehmen. Wenn wir uns hingegen optimistisch fühlen, hat das Einfluss auf unsere Zukunft.

Den Kern aller Forschung zu positiven Emotionen macht die Frage aus, wie man diese aktivieren kann. Drehen wir den Spieß einmal um. Wenn man Sie bäte, jemanden dabei zu unterstützen, depressiver zu werden, was würden Sie der Person raten? Sie würden ihr raten, über die Dinge, die sie stören, nachzugrübeln, darauf zu achten, dass sie isoliert bleibt, sich Nachrichten über schreckliche Dinge anzuhören, an denen sie nichts ändern kann, und sich möglichst viele Sorgen zu machen. Das klingt vielleicht komisch, aber auf diese Weise kann man verstehen, welche Wirkung Interventionen, Aktivitäten und Zustände haben.[19]

Positive Interventionen wie die, die Sie in diesem Buch üben werden, bewirken, dass wir uns besser fühlen, und wenn man sich besser fühlt, will man mehr von den guten Gefühlen. Durch das Wechseln der Perspektive lernt man, ständig Möglichkeiten zu suchen, wie man die Welt durch eine andere Linse betrachten kann. Wenn diese Momente sich addieren, entsteht als natürliches Ergebnis Zuversicht.

Hoffnung zu kultivieren macht das Leben lebenswert. Für die Pflege zuversichtlicher Gefühle ist es von essenzieller Bedeutung, auf die Dinge zu achten, die man übersehen hat. Wir müssen uns nichts aus den Fingern saugen, um positiv empfinden zu können, sondern eher unsere Negativitätsverzerrung ausgleichen, die uns veranlasst, uns obsessiv mit dem Schlechten zu beschäftigen. Diese Verzerrung lässt sich verändern, wenn wir uns das Gute, das sich bereits in unserem Leben befindet, bewusst machen.

Wir gehen ständig an guten Dingen vorbei, ohne sie zu bemerken. Es widerfahren uns die wunderbarsten Dinge, aber sie werden von unserer Negativität verdunkelt oder von unserer To-do-Liste verschluckt. Das können wir korrigieren, indem wir unsere Aufmerksamkeit aktiv lenken – und damit verändern wir unsere Erwartungen und unsere Erfahrung.

Die Aufmerksamkeit lenken, um das Selbstnarrativ zu verändern

Es kann schwerfallen, bei schlechter Laune Positivität zuzulassen – es fühlt sich an, als suchte man nach der Sonne, wenn der Himmel bedeckt ist. Die Sonne ist wohl da, aber sie wird von allzu vielen Wolken verdeckt. Wenn man gedanklich bei vergangenen Verletzungen verweilt, kann das einen Sturm negativen Denkens entfachen.

Dagegen hilft, sich zu überlegen, welche Hilfsmittel in den Augenblick eingebracht werden können, und sich Mühe zu geben, die Situation anders zu betrachten. Wenn es stürmisch ist, braucht man einen Schutzraum und Sicherheit. Nach Hilfsmitteln im gegenwärtigen Moment zu suchen ist notwendig – und es ist eine Fähigkeit, die man lernen kann. Die Hilfsmittel zu aktivieren, zu denen man unmittelbaren Zugang hat, ist von entscheidender Wichtigkeit. Wie bei dem Mann in der Penn Station, der den Obdachlosen auf das Geigenspiel aufmerksam machte, so dass auch er etwas Positives erkennen konnte, ist Dankbarkeit ein Hilfsmittel, das uns auf negative Denkgewohnheiten aufmerksam machen kann.

Studien der amerikanischen Psychologin Sonja Lyubomirsky und ihrer Kolleginnen haben gezeigt, wie stark sich unsere Gedanken und Handlungen auf unseren Gemütszustand auswirken.[20] Das gilt nicht nur für den gegenwärtigen Moment und die Zukunft, sondern auch für unsere Gedanken zur Vergangenheit. Philip Zimbardo, der wie Lyubomirsky an der Standford University lehrte, äußert sich ähnlich, wenn er sagt: »Zwar kann niemand die Geschehnisse der Vergangenheit ändern, doch jeder kann etwas daran ändern, welche Haltung er ihnen gegenüber einnimmt, und wie er sie einschätzt.«[21]

Wie wir über die Vergangenheit denken und zu welcher Erzählung wir sie für uns formen, ist auch ein Forschungsfeld des Kognitionspsychologen und Nobelpreisträgers Daniel Kahneman. Kahneman geht davon aus, dass das, was wir von der Erzählung, die wir aus unserem Leben zusammensetzen, *in Erinnerung behalten*, unsere Lebenszufriedenheit beeinflusst.[22] Er behauptet, unsere Erfahrung sei das eine, unsere Erinnerung aber etwas vollkommen anderes. Die bewusste Entscheidung, auf eine bestimmte Weise zu denken, zu handeln und sich zu erinnern, hat Einfluss auf unsere Hoffnung, unser Glück und unsere Lebenszufriedenheit. Wenn wir beschließen, an die besseren Teile unserer Lebenserfahrung zu denken, fördert uns das mehr. Die folgende Übung gibt Ihnen Gelegenheit, diesen Perspektivwechsel auszuprobieren.

> Selbstexploration
> **Eine dankbare Geisteshaltung hellt alles auf, was man wahrnimmt**
>
> Nehmen Sie Ihr Tagebuch zur Hand und probieren Sie Folgendes aus:
>
> **Schritt 1:** Schreiben Sie, soweit Sie sich erinnern, alles auf, was Sie gestern getan haben. Lassen Sie nichts aus – selbst wenn es sich nur um Hausarbeit handelt, wie den Mülleimer ausleeren oder Geschirr spülen. Dann legen Sie die Liste beiseite.
>
> **Schritt 2:** Auf einem neuen Blatt Papier schreiben Sie nun über denselben Zeitraum durch die Linse der Dankbarkeit. Denken Sie zurück an die vergangenen 24 oder 36 Stunden und finden Sie mindestens drei Dinge, für die Sie Dankbarkeit empfinden. Je spezifischer, desto besser. Wenn Sie dankbar sind, weil das Wetter schön war, ist das schon gut, aber wenn Sie einen Spaziergang gemacht haben, weil es draußen so angenehm war, und dabei zufällig eine Freundin getroffen haben, die Sie schon lange nicht mehr gesehen hatten, so ist das noch besser. Vielleicht fallen Ihnen Dinge ein, die auf der Liste in Schritt 1 nicht stehen.
>
> **Schritt 3:** Schauen Sie sich die beiden Listen an. Wahrscheinlich waren Ihre Erinnerungen an gestern in Schritt 1 eher sachlich und wurden durch die gewohnte Linse betrachtet. Die erste Liste basiert auf der typischen Funktionsweise Ihres Gehirns – mit der

> eingebauten Negativitätsverzerrung. Aber wenn man in Schritt 2 durch die Linse der Dankbarkeit blickt, erscheint der Tag im warmen Glanz der Positivität. Ein einigermaßen erträglicher Tag wird besser, ein guter Tag wird noch gesteigert. Hat sich der Gesamteindruck Ihres Tageslaufs gewandelt?

Als ich Sie bat, ein und denselben Tag durch die Linse der Dankbarkeit zu betrachten, hat das eine veränderte Wahrnehmung verursacht. Ihnen fielen Ereignisse auf, die geschehen, aber nicht wahrgenommen oder zumindest nicht hervorgehoben worden waren. Sobald man das Positive bemerkt, verschiebt sich die gesamte Wahrnehmung des Tages; ebenso, wie man nicht mehr nur die Ente sieht, wenn man auf das Kaninchen aufmerksam gemacht wird.

Dankbarkeit verändert die Struktur des Gehirns

Wir sollten also nie aus den Augen verlieren, wie viel Schönes uns widerfährt. Wenn wir die guten Geschehnisse in den Mittelpunkt stellen, dankbar anerkennen und genießen, verändern wir unsere Hirnstruktur. Diese Wandlungsfähigkeit des Hirns nennt man *Neuroplastizität*.[23] Die Neurowissenschaft sagt uns, dass ein andersartiges Bewusstmachen von Ereignissen nicht nur die Erinnerung an das Geschehene verändert, sondern auch die Hirnstruktur, in der die Erinnerung aufbewahrt wird.[24] Wenn man die Dinge durch die Linse der Dankbarkeit sieht, so ändern sich Biochemie und Nervenbahnen in unserem Gehirn. Wenn das Gute hervorgehoben wird, hilft das, die schwierigen Dinge auszubalancieren.[25]

Hat unser Gehirn erst einmal gelernt, dass es die Dinge anders wahrnehmen kann, wird es allmählich von selbst mehr Positives sehen. Als Sie in der Explorationsübung noch einmal Ihre erste Liste anschauten, tauchten vielleicht neue Möglichkeiten auf. Vielleicht haben Sie neutrale oder negative Ereignisse durch eine großzügigere Linse betrachtet, während positive Ereignisse sogar noch verstärkt wurden. Wenn es kein sonderlich guter Tag war, hat die Übung ihn vermutlich in Ihrer Erinnerung etwas aufgehellt; wenn er gut war, konnten Sie ihn im Nachhinein noch einmal genießen und Ihre guten Gefühle noch verstärken. Wie auch immer, Dankbarkeit für das, was bereits in Ihrem Leben existiert, ist die nächstgelegene Ressource, um Ihren Blickwinkel zum Positiven hin zu verschieben.

Selbst wenn Ihre Bewertung des Tages sich in dieser Übung nicht verändert hat, haben Sie eine Verschiebung in Ihrem Gehirn angestoßen. Zu Anfang müssen wir absichtlich Gelegenheiten zur Dankbarkeit suchen und üben, die Dinge aus ihrer Perspektive zu sehen. Einige Verfechter der Positiven Psychologie nennen das »dem Gutem hinterherjagen«. Das Gehirn hat einen voreingestellten Standard-Modus, daher denken und tun wir in der Regel das, was wir beim letzten Mal gedacht und getan haben. Den Standard-Modus unseres Gehirns zu verändern, erfordert Aufmerksamkeit und Anstrengung. Ihr Gehirn verändert sich, weil Ihr Blickwinkel sich verschiebt. Wenn Sie die Dinge anders betrachten, verändert sich auch das Gehirn, mit dem sie betrachten.

Das Gute war bereits vorhanden, Sie mussten es nur erkennen. Es war zwar derselbe Tag, aber eine neue Wahrnehmungsweise hat Ihnen ermöglicht, ihn auf eine neue Art zu sehen. Das führt uns zu einer weiteren irrigen Annahme über die Hoffnung:

Mythos #5: Wenn wir Hoffnung haben, verändert sich das, was wir denken.

Tatsache ist: Die Hoffnung wird durch unser Denken geprägt.

Gründe für Hoffnung gibt es immer, wir müssen uns nur davon überzeugen, dass sie innerhalb unseres Erfahrungshorizonts auftauchen können.[26] Deshalb ist das regelmäßige Üben von Dankbarkeit so wichtig – es ist eine intentionale Bemühung um Wohlbefinden. Wenn wir unsere Sichtweise auf vergangene Ereignisse ändern, hilft uns das in der Gegenwart und in der Zukunft. Die Dankbarkeit ändert nicht nur die Erinnerung an den vergangenen Tag, sondern auch Ihre momentane Laune – und Studienteilnehmer*innen, die bewusste Dankbarkeit praktizieren (so wie wir eben), berichten von einem signifikant positiveren Leben.[27] Kein schlechter Lohn dafür, dass man den Tag durch die Dankbarkeitslinse betrachtet.

Die Forschung hat nachgewiesen, dass positive Emotionen die Chemie von Hirn und Körper verändern.[28] Wir alle können die Entscheidung treffen, die positiveren Anteile jedes Tages zu beleuchten und damit unsere Gefühle, unser Gehirn und unsere Lebensanschauung zu verändern. Dankbarkeit kann durch kognitive Mittel, zum Beispiel Nachdenken, hervorgerufen werden, aber auch durch Selbstäußerung wie Tagebuchschreiben. Und in einem weiteren Schritt kann man die Erfahrung der Dankbarkeit sogar noch vertiefen – indem man jemand anderem davon erzählt.

Selbstexploration
Teilen Sie Ihre Dankbarkeit mit anderen

Wenn ich Menschen vorschlage, ihre Dankbarkeit mit einer anderen Person zu teilen, dann stellt bereits die bloße Interaktion eine Energiequelle dar. Es macht die Menschen froh, anderen von den guten Dingen zu erzählen, die ihnen zugestoßen sind.

Das setzt eine Aufwärtsspirale in Gang. Man kann sogar eine Dankbarkeitspartnerin oder einen -partner finden, um regelmäßig Dankbarkeitserzählungen auszutauschen.

Eine andere Art der Mitteilung ist ein Dankesbrief an jemanden.[29] Dies erfordert einen Rückblick auf vergangene Ereignisse und Taten, die Dankbarkeit verdienen, sowie das Niederschreiben und eine Interaktion mit der anderen Person, der die Nachricht zukommt. Denken Sie doch einmal an Menschen, denen gegenüber Sie Dankbarkeit empfinden, und schreiben Sie ihnen einen kurzen Brief, rufen Sie an oder klopfen Sie sogar an die Tür. Das gehört zum Besten, was Sie tun können, um allseits Wohlbefinden zu fördern.[30]

Wir haben nun ein Fundament gelegt und sind bereit, Zuversicht aufzubauen. Jede der sieben Entscheidungen, die nun folgen, kann ganz bewusst getroffen werden, um unsere Sichtweise und unser Leben in der Welt zu verbessern. Alte Denkmuster können uns zu dem Irrtum verleiten, wir hätten keine Wahl, welche Erfahrungen wir machen – aber dem ist nicht so. In den Worten von William James: »Wenn Sie eine Entscheidung treffen müssen, dies aber nicht tun, ist das auch schon eine Entscheidung.« Ihre Entscheidungen und ihre Handlungen für ein intentionales Wohlbefinden sind machtvolle Instrumente, denn *Hoffnung ist nie weiter entfernt als Ihr nächster Gedanke*.

*»Jeder von uns wählt dadurch,
wie er mit den Dingen umgeht,
die Art von Universum aus,
in dem er lebt.«*

———

William James

KAPITEL 2

Möglichkeiten sehen

Stacey weinte während unserer gesamten ersten Sitzung. Sie schüttelte den Kopf und fragte unter Tränen: »Wie konnte das passieren?« Sie war zweiundvierzig und zum ersten Mal in einer Therapie.

Zu guter Letzt kam die Geschichte heraus: Staceys Mann Tom war Rechtsanwalt. Staceys Arbeit als Grundschullehrerin erlaubte ihr, zuhause zu sein, wenn ihr sechzehnjähriger Sohn und die zwölfjährige Tochter von der Schule heimkamen. Sie verbrachten die Feiertage mit der weitläufigen Familie, in der Nachbarschaft wohnten gute Freunde, und der letzte Familienurlaub hatte sie nach Disney World geführt. Nach allen Gesichtspunkten hatte sie ein gutes Leben, das sich bestens entwickelte – bis Stacey Toms Terminkalender auf seinem privaten Computer durchsah. Dieser verriet sein Geheimnis: Er hatte seit zwei Jahren eine Affäre.

Sie fühlte sich verloren, verletzt, wütend und verwirrt, aber vor allem traurig. Als sie von ihrem mit Wimperntusche verschmierten Papiertaschentuch aufblickte, trafen sich unsere Blicke. »Was soll ich denn jetzt machen?«, fragte sie.

»Sie sind hier«, sagte ich, »und im Augenblick ist es das Beste, was Sie für sich tun können.«

»Aber«, sagte sie, »er ist Rechtsanwalt, und er wird mich bei der Scheidung in große finanzielle Schwierigkeiten bringen. Wer will denn etwas mit einer Zweiundvierzigjährigen anfangen, die zwei

Kinder hat und kein Geld?« Ihre nächste Bemerkung lautete erwartungsgemäß: »Ich fühle mich hoffnungslos.«

Stacey hielt ihre Lage für aussichtslos und die Veränderungen, denen sie entgegensah, für unvermeidlich. Ihre Haltung an jenem ersten Tag verriet ein festgelegtes Glaubenssystem: Wenn wir der Überzeugung sind, unsere Situation sei unveränderbar, dann gibt es keinen Anreiz, etwas zu versuchen. Wir blicken starr in die Zukunft und entscheiden, dass auch der beste Plan nicht funktionieren wird. Uns fehlt die Motivation, vorwärtszukommen, weil wir keinen Weg vor uns sehen, und wir versuchen gar nicht erst, Unterstützung für eine Veränderung zu suchen, weil wir fest davon überzeugt sind, dass sie sowieso nicht eintreffen wird. Es steckt ein widersinniges Sicherheitsgefühl in dem »Wissen«, dass da keine Hoffnung ist und dass wir machtlos sind.

Doch man kann einem Verlust auch anders begegnen. Jeannie, eine Grundschullehrerin in Staceys Schulbezirk, war ebenfalls eine Klientin von mir. Sie hatte im vergangenen Jahr wie Stacey herausgefunden, dass ihr Mann, ein Finanzberater, eine Affäre hatte. Ihre beiden Kinder, ein Junge und ein Mädchen, waren etwas jünger, aber die Umstände und die Situation waren im Großen und Ganzen die gleichen wie bei Stacey. Jeannies erste Sitzung war ebenfalls in Tränen gebadet, aber sie fragte nicht: »Was soll ich denn jetzt machen?« Stattdessen sagte sie: »Ich muss herausfinden, was ich jetzt am besten tue.«

In Jeannies Aussage finden sich die grundlegenden Werkzeuge der Hoffnung. Der entscheidende Unterschied zu Staceys unverrückbarer Überzeugung, ihre Situation sei nicht zu verändern, lag in Jeannies Vorsatz, ihre Zukunft besser zu machen und verschiedene Möglichkeiten in Betracht zu ziehen. Als ich sie kennenlernte, standen Stacey und Jeannie beide vor einer unsicheren Zukunft – ihre Lebensgewissheit war zerbrochen, als sie die Affären ihrer jeweiligen Partner aufdeckten. Bei Stacey, die in einer ziellosen, hoffnungslosen Gegenwart feststeckte, war das erste Therapieziel, die Möglichkeit von Hoffnung überhaupt zuzulassen.

Bei Jeannie fing die Therapie auf einem anderen Niveau an. Ihre Lage war haargenau so ungewiss, schmerzhaft und unerwünscht. Aber ihr »Ich muss herausfinden, was ich jetzt am besten tue« enthielt zwei Elemente, die Staceys »Was soll ich denn jetzt machen?« fehlten:

1. *Richtung:* Jeannie steht in der Gegenwart und blickt in die Zukunft.
2. *Selbstwirksamkeit:* Sie weiß, dass sie Entscheidungen treffen muss, und sie will handeln.

So hatten also Stacey und Jeannie unterschiedliche Überzeugungen, was ihre Zukunft betraf. Jeannies Aussage aktivierte die Hoffnung. Wenn wir glauben, unsere Zukunft beeinflussen zu können, entsteht daraus ein Motivationsfunke, der seinerseits Fragen aufwirft: Was passiert als Nächstes? Woher bekommen wir Unterstützung? Wir wissen nicht, wie die Dinge sich entwickeln werden, aber wir sind trotzdem bereit, voranzuschreiten.

Der Unterschied zwischen einem fixierten und einem wachstumsfähigen Mindset

Wenn wir dazu neigen, bestimmte Überzeugungen und Werte über andere zu stellen, entwickeln wir eine Weltanschauung, ein Mindset. Ein fixiertes Mindset führt zu Einschränkungen, während ein wachstumsfähiges Mindset Möglichkeiten beinhaltet. Wenn man, wie Stacey, ein fixiertes Mindset hat, glaubt man, die eigenen Fähigkeiten seien in Stein gemeißelt. Bei einem wachstumsfähigen Mindset, wie dem von Jeannie, sind die eigenen Fähigkeiten wie Ton, der geformt werden will. Ihr unterschiedliches Mindset machte sich in den Worten bemerkbar, mit denen sie sich über ihre Zukunft äußerte. Was wir für uns erwarten, hat Macht über uns.

Das fixierte im Gegensatz zum wachstumsfähigen Mindset wurde von der Psychologin Carol Dweck und ihren Kolleginnen von der Standford University erforscht.[1] Ihre Arbeit weist nach, dass das fixierte Mindset sich auf Beschränkungen, negative Interpretationen und Probleme konzentriert. Ein wachstumsfähiges Mindset hingegen beleuchtet Möglichkeiten und die *Überzeugung*, dass wir unsere Talente und Fähigkeiten unter Kontrolle haben – was uns erlaubt, etwas zu unternehmen, um unsere Situation zu verbessern.

Mit anderen Worten: Unser Mindset entscheidet darüber, ob wir optimistisch oder pessimistisch in die Welt blicken. Ob wir Erfolg haben oder nicht, hängt davon ab, worauf wir unsere Aufmerksamkeit richten. Wenn wir sie immer nur auf Begrenzungen, negative Interpretationen und Probleme richten, erscheint uns unsere Situation festgelegt und unwandelbar. Wenn wir uns auf Möglichkeiten fokussieren, erkennen wir, dass wir, wenn wir uns Mühe geben, unsere Fähigkeiten und Talente weiterentwickeln und damit eine Situation ändern können. Das macht greifbar, welche Macht die Hoffnung über unser Leben hat.

Wenn man sich nicht für Veränderung entscheidet, beschließt man, die Dinge so zu lassen, wie sie sind

Wenn wir dazu tendieren, alles beim Alten zu belassen und damit die Hoffnung einzuschränken, ist das zwangsläufig eine Entscheidung – sich nicht verändern heißt, die Situation *aktiv* zu akzeptieren. Wenn wir depressiv sind und das Gefühl haben, festzustecken, liegt der Schluss nahe, dass solche zwangsläufigen Entscheidungen uns in diesem Zustand festhalten. Das Gehirn hat durch seine Plastizität die Möglichkeit, sich zu verändern. Wenn wir aber nie etwas Neues machen, ist das Gehirn vollkommen zufrieden damit, immer weiter das Gewohnte zu tun.

Wenn wir die Dinge als festgelegt und unveränderbar ansehen, haben wir beschlossen, dass es nicht in unserer Macht steht, unsere Lage zu verbessern. Wir sehen keine Möglichkeiten, weil wir nicht danach suchen. Wenn wir die Gedanken, die uns fesseln, nicht in Frage stellen, dann können wir die positive Kraft unseres Gehirns nicht nutzbar machen.

Wenn wir aber Mittel und Wege finden, um zu erkennen, was möglich ist, und unseren Gemütszustand ein wenig zu ändern, gelingen uns bessere Entscheidungen und wir fühlen uns besser. Wenn wir unsere Gefühle durch solche Entscheidungen aufhellen, nähern wir uns »selbstwirksamer Zuversicht«. Die Fähigkeit, uns eine neue statt der gewohnten Sichtweise anzueignen, ist die Grundlage, um Depression, Angst und Einsamkeit zu überwinden.

Wissenschaftler haben herausgefunden, dass Hoffnung aufflammt, wenn wir zukünftige Möglichkeiten in Betracht ziehen.[2] Wenn wir unsere Aufmerksamkeit auf unser Potenzial richten, nutzen wir *das, was noch kommt,* als Quelle der Motivation.

Die Fantasie kann uns Möglichkeiten eröffnen

Wenn uns etwas bedroht, können wir nicht vollkommen wir selbst sein. Wir suchen nur noch Schutz und Sicherheit, und all unsere

Möglichkeiten verengen sich auf eine einzige Sache: das Überleben. Fühlen wir uns in unserem innersten Wesen bedroht, kommt es immer zu dieser starken Selbstschutzreaktion. So sind wir von Natur aus angelegt. Und zu unserem Unglück reagieren wir sogar auf eine mögliche, erwartete oder sogar *eingebildete* Verwundbarkeit, als sei sie real.

Häufig entscheidet unsere Vorstellung von uns selbst und unserer Situation darüber, wie wir auf letztere reagieren. Das kann uns in einem Überlebens- und Schutzmodus gefangen halten – oder es kann zu positiven Entscheidungen führen, die einen Fortschritt in Gang setzen. Wir können also die Fantasie als Gegengift nutzen. Wenn wir auf Ungewissheit reagieren, indem wir uns positive Möglichkeiten statt Bedrohungen vorstellen, können wir sowohl unseren augenblicklichen Gemütszustand ändern als auch unsere Gefühle gegenüber der Zukunft.

Um optimistischer zu werden, müssen Sie Ihren negativen Gedanken entgegentreten und sich gleichzeitig positivere Ergebnisse vorstellen. Ihr Zukunftstraum wird Ihre vorgestellte Realität, auf die Sie sich zubewegen. Wie Peter Drucker sagte: »Am besten kann man die Zukunft voraussagen, wenn man sie sich schafft.«[3] Dieser Konnex zwischen dem Voraussehen einer positiven Zukunft und der aufkeimenden Motivation, sie zu erreichen, bewirkt eine Aufwärtsspirale – statt der Abwärtsspirale der Depression, in der wir feststecken. Vor langer Zeit gab Thoreau den Rat: »Wenn man zuversichtlich die Richtung seiner Träume einschlägt und versucht, das Leben zu leben, das einem vor Augen steht, wird man unerwartetem Erfolg begegnen.«[4]

Die Forschung hat Thoreau Recht gegeben und eine Technik aufgezeigt, wie wir beginnen können.[5] Studienteilnehmer*innen, die sich drei bis fünf Minuten lang ihr »bestmögliches Selbst« vorstellten und ihre Gedanken dann zu Papier brachten, erzielten einen signifikanten Zuwachs an positiven Affekten. Die Forscher*innen kamen zu dem Ergebnis, dass die Vorstellung einer positiven Zukunft tatsächlich die Erwartung einer positiven Zukunft verstärken kann.

Sind Sie bereit, eine Minute in Ihre Zukunft zu investieren? Die Übung, das bestmögliche Selbst zu visualisieren, wurde von Laura King entwickelt, und viele andere Forscher und Forscherinnen haben ihre starke Wirkung bestätigt.[6] Ich habe eine Komponente hinzugefügt, die die Wirkung noch verstärkt, nämlich, ein Foto von sich selbst in der Zukunft zu machen.

Selbstexploration

Das bestmögliche Selfie

Denken Sie an eine Zukunft, in der jeder Bereich Ihres Lebens sich bestmöglich entwickelt hat. Denken Sie an Ihre Karriere, an kreative Unternehmungen, akademische Errungenschaften, Liebe, Beziehungen, Hobbys, Gesundheit – einfach alles. Stellen Sie sich vor, was in der bestmöglichen Zukunft in all diesen Lebensbereichen passieren würde. Stellen Sie sich vor, dass alles aufs Glücklichste gelingt. Anschließend folgen Sie diesen Schritten:

Schritt 1: Schreiben Sie alles auf. Während Sie alles über Ihr bestmögliches zukünftiges Leben aufschreiben, kommen Sie möglicherweise in Versuchung, abzuschweifen und über Schwierigkeiten, Rückschläge oder Hindernisse nachzudenken. Aber diese Übung handelt einzig und allein von der Zukunft – nicht von der Vergangenheit. Stellen Sie sich vor, dass sich die Umstände hinreichend verändern, um Ihnen eine leuchtende Zukunft zu ermöglichen. Sie schließen sich mit Ihrem bestmöglichen Selbst zusammen. Schreiben Sie diese zukünftigen Möglichkeiten nieder, als wären sie bereits geschehen. Statt »mein Haus wird dann abgezahlt sein« versuchen Sie: »Mein Haus ist bereits abgezahlt, und wir haben gerade eine Hypothekenverbrennungsparty mit allen Freunden und Verwandten gefeiert.«

Machen Sie es konkret, aber nicht einengend. Ebenso wie bei der Dankbarkeitsübung funktionieren spezifische Beispiele besser als ungefähre. Statt »Ich habe eine bessere Arbeitsstelle« versuchen Sie: »Ich habe eine erfüllende, gut bezahlte, inspirierende Arbeit, und meine Kolleginnen und Kollegen schätzen mich.« Seien Sie aber wiederum auch nicht so konkret, dass Sie sich einengen: Statt »Bill ist rasend in mich verliebt« nehmen Sie lieber »Ich habe den richtigen Partner, wir lieben uns und genießen jeden gemeinsamen Moment«. Sie identifizieren das *Was*, nicht das *Wie* und das *Wer*. Wenn Sie sagen, Sie sehen sich erster Klasse fliegen, spezifizieren Sie nicht die Fluggesellschaft.

Seien Sie kreativ! Machen Sie sich keine Gedanken über Grammatik, Orthografie oder auch nur vollständige Sätze. Es geht einzig und allein darum, dass Sie Ihre Vorstellungskraft nutzen und damit etwas imaginieren, das dazu passt, wer Sie sind und was Sie werden wollen. Haben Sie Spaß dabei – Sie erschaffen sich selbst.

Schritt 2: Bilden Sie eine Szene in einem Selfie ab. Reißen Sie Bilder und Überschriften aus Zeitschriften, schnappen Sie sich die Wachsmalstifte Ihrer Kinder, finden Sie Models aus Katalogen, laden Sie Dinge aus dem Internet herunter. Eines meiner Vorbilder ist der große Neurologe und Schriftsteller Oliver Sacks. Ich habe Bilder von ihm gefunden, die mich inspirieren, und ich habe mit Hilfe von Photoshop sein Gesicht mit meinem überblendet. Sie tun das für sich – also machen Sie etwas daraus, das Saiten in Ihnen zum Klingen bringt.

Schritt 3: Geben Sie diesem Bild einen Ehrenplatz. Machen Sie ein Foto davon für Ihre Handyhülle, befestigen Sie es am Kühlschrank, stellen Sie es auf Ihren Schreibtisch oder rahmen Sie es ein und hängen es ins Schlafzimmer. Es sollte leicht zugänglich sein, damit Sie es regelmäßig sehen; fügen Sie etwas hinzu, wenn die Dinge sich weiterentwickeln, und machen Sie sich keine Sorgen um Zeit oder einen bestimmten Termin. Hoffnung zu aktivieren und zu pflegen und immer leichten Zugang dazu zu haben ist wichtig. Forschungsstudien haben nachgewiesen, dass die bildliche Darstellung von Erfolg, ein sogenanntes *supraliminales Priming*, hilft, ein Ziel zu erreichen. Die Forschung der Heidelberger Organisationspsychologin Tanja Bipp[7] und ihrer Kolleginnen hat gezeigt, dass die Beschäftigung mit leistungsbezogenen Fotos akademischen Erfolg vorhersagte – und dass Bilder von der Überwindung von Schwierigkeiten sogar noch größeren Erfolg vorhersagten.

Der Gedanke hinter dieser Übung ist, dass Sie Ihren Traum festhalten, damit Sie auf Ihr Ziel hinarbeiten können. Wie der amerikanische Rapper, Schauspieler, Autor und Unternehmer LL Cool J sagt: »*DDHD – Dreams Don't Have Deadlines*« (THKA – Träume haben keinen Abgabetermin).

Die Pflege der Hoffnung setzt eine absichtsvolle Bemühung voraus

Wenn wir negative Emotionen transformieren und positive kultivieren, finden wir Zugang zu unseren Stärken. Diese Entscheidungen bauen Zuversicht in uns auf, und die Aktivierung der Zuversicht wird zu einem Treibstoff – zu einer Kraft, die weitere hoffnungsgeleitete Entscheidungen begünstigt und fördert. Dies bringt uns zu einem wichtigen neuen Verständnis, wie Hoffnung funktioniert.

Hoffnung fällt als Nebenprodukt oder -effekt ab, wenn wir Entscheidungen fällen, die zu positiven Verhaltensweisen führen. Wenn wir darauf warten, dass uns die Hoffnung in den Schoß fällt, hilft uns das nicht, unsere Ziele zu erreichen. Nur durch *Bemühung* entwickelt sich Hoffnung. Wir richten den Lichtstrahl unserer Aufmerksamkeit auf etwas Positiveres, und das verändert uns. Wir fördern eine zuversichtliche Lebenseinstellung, indem wir unsere Aufmerksamkeit aktiv lenken.

Die Sichtweisen, die wir gewohnheitsmäßig einnehmen, wenn wir uns deprimiert fühlen, sind Entscheidungen, die unsere Zuversicht einschränken. Aber diese Sichtweisen kann man ändern. Die einschränkenden Entscheidungen sind nicht in Stein gemeißelt. Jede Entscheidung zielt darauf ab, die Sichtweise zu ändern. Dieser Prozess sieht folgendermaßen aus:

Einschränkende Entscheidungen → Perspektivwechsel
→ Hoffnungsgeleitete Entscheidungen

Wenn wir erst einmal unseren Blickwinkel geändert haben, werden die Ziele, die wir uns setzen, eine Maßeinheit für die Hoffnung und ihre Wirkung auf unser Leben. Wie wir in Kapitel 6 lernen werden, sind die richtigen Ziele, jeweils angepasst an unser Mindset, unser

Wachstum und unsere Positivität, entscheidend für die Aufrechterhaltung unserer Selbstwirksamkeit. Wenn man kleine, der eigenen Situation angepasste Ziele erreicht, so trägt das mehr zum Wohlbefinden bei als größere, weiter gesteckte Ziele, weil wir kontinuierlich Feedback und Ermutigung erhalten. Der Glaube an erreichbare Ziele hält die Hoffnung aufrecht – was uns wiederum hilft, einen Lebenssinn zu finden.

Zuversicht wächst durch Ungewissheit

Die Kraft hinter der Zuversicht benötigt zusätzlich noch etwas, das ein wenig überraschend klingt – Ungewissheit. Ursprünglich gingen die Forscher davon aus, dass ein spezifisches, jedoch entweder sehr leichtes oder unmögliches Ziel keine Hoffnung hervorrufen könne. Doch sie fanden heraus, dass Menschen mit großer Zuversicht Herausforderungen schufen, um ein leichtes Ziel schwieriger erreichbar zu machen. Denken Sie an Jimi Hendrix, der die Gitarre mit den Zähnen oder hinter dem Rücken spielte, oder Muhammad Ali, der, statt sich ordentlich zu verteidigen, mit herabhängenden Armen im Ring tänzelte. Wenn die Herausforderung gering ist, erschweren sich manche Menschen absichtlich die Aufgabe, um ihr Interesse daran zu erhöhen, denn wenn die Latte zu niedrig liegt, fehlt das Agens der Hoffnung. Wenn Sie zuschauen, wie eine Gruppe von Kindern sich ein Spiel ausdenkt, können Sie das mitverfolgen. Sowie sie eine bestimmte Fertigkeit erreicht haben, machen sie das Spiel schwieriger und damit interessanter.

Wie wir auf dem Weg zur Zuversicht sehen werden, können auch scheinbar unerreichbare Ziele aktivierend wirken, weil sie Beharrlichkeit und Entschlossenheit wecken. Hier gibt es eine endlose Liste von Beispielen: Walt Disney wurde beim *Kansas City Star* entlassen, weil ihm »Fantasie und gute Ideen fehlten«; *Carrie* von Stephen King wurde dreißigmal abgelehnt, ehe es zur Veröffentlichung kam; Oprah Winfrey verlor ihre Stelle als Nachrichtensprecherin, weil sie zu langweilig war; *Zen und die Kunst ein Motorrad zu warten* von Robert M. Pirsig wurde zwölfmal abgelehnt, um dann ein Klassiker zu werden; *Harry Potter und der Stein der Weisen* wurde zwölfmal abgelehnt, und man riet J. K. Rowling, auf keinen Fall ihren Broterwerb aufzugeben.

Wir empfinden Ungewissheit, wenn etwas zu leicht oder zu schwierig ist, weil Ungewissheit die Selbstregulierung fördert. Ungewissheit schafft das Bedürfnis, die Dinge auszutarieren. Wenn man davon überzeugt ist, man könnte keinen Erfolg haben, dann fehlt die Ungewissheit, und damit blockiert das fixierte Mindset jegliche Hoffnung. Wenn man aber diese Überzeugung in Frage stellt, indem man zusätzliche Möglichkeiten erwägt, werden Zweifel an unserer Sichtweise geschürt, und damit tritt die Ungewissheit auf den Plan. Wenn unsere beschränkte Zukunftserwartung sich zur Möglichkeit hin öffnet, dann beginnt Hoffnung.

Hoffen kann man trainieren

Sie kennen vermutlich das berühmte Diktum von René Descartes: »Ich denke, also bin ich.« Verschiedene Gelehrte und Übersetzer haben in seinen Schriften nach einer Erklärung für diesen Satz gesucht und sind zu dem Schluss gekommen, dass der vollständige Gedanke eigentlich lautet: »Ich zweifle, also denke ich, also bin ich.«[8] Zweifel und Ungewissheit sind die Essenz des Menschseins.

Als ich nach meiner Scheidung an Depressionen litt, fühlte ich mich hoffnungslos und hatte das Gefühl, ich könnte überhaupt nichts tun, um mich besser zu fühlen. Ich hatte das Pferd von hinten aufgezäumt – ich war der Meinung, die Zuversicht müsste mich aufsuchen. Ich glaubte, sie würde kommen und mir auf die Schulter tippen, wenn sie dazu bereit war. Aber sie kam nicht. Schließlich erkannte ich, dass ich etwas tun konnte, um ihr auf die Sprünge zu helfen.

Warten Sie darauf, dass sich Zuversicht einstellt? Dann ist es Zeit, eine andere Entscheidung zu treffen. Wie Sie vielleicht gerade bemerken, hat Hoffnung mit unserer Wahrnehmung zu tun, welche Möglichkeiten unserer Kontrolle offenstehen. Wenn etwas ungewiss ist, schätzen wir ab, was wir kontrollieren können; dasjenige, was wir unserer Ansicht nach am besten kontrollieren können, ist es, worauf wir uns konzentrieren und womit wir uns beschäftigen. Hoffnung ist eine Vorhersage darüber, wie die Dinge *unserem Glauben nach* später für uns sein werden. Wir entscheiden uns für diesen Glauben – und dann legen wir uns ins Zeug.

Wenn man ständig auf den Fußboden starrt, wird man kaum erwarten, ein Kunstwerk an der Wand zu entdecken – also sieht man es auch nicht. Wenn man nach Problemen sucht, wird man sie finden. Wenn wir nicht bewusst nach den positiven Dingen suchen, sehen wir zwangsläufig nur das Gewohnte. Da unser Mindset auf negative Erfahrungen fixiert ist, werden wir genau diese sehen, fühlen und darauf reagieren.

Um die Zwangsläufigkeit unserer Wahrnehmung zu verändern, müssen wir eine bewusste Verschiebung vornehmen. Wir müssen beschließen, unser fixiertes Mindset herauszufordern. Wenn man nicht beschließt, die Dinge zu verbessern, trifft man automatisch die Entscheidung, alles beim Alten zu belassen.

Die Entscheidung, unsere Aufmerksamkeit auf etwas Bestimmtes zu richten, ist eine ganz einfache Handlung, wie das Fernsehprogramm wechseln oder einen Kinofilm einem anderen vorziehen. Ebenso wie das, was wir sehen, vom gewählten Fernsehkanal oder Kinofilm abhängt, denken wir über das nach, auf das wir unsere Aufmerksamkeit richten. Wenn wir Hoffnung wollen, müssen wir das Hoffnungsprogramm einschalten, nicht das Hilflosigkeits-, Überforderungs- oder Depressionsprogramm.

Wir können die Voreinstellung unseres Gehirns verändern, wenn wir unsere Wahrnehmung immer wieder neu ausrichten, bis sich neue Gedanken- und Erinnerungsmuster bilden. Wir können unser Gehirn darauf trainieren, das Hoffnungsprogramm einzuschalten. Entscheidung für Entscheidung, Schritt für Schritt wächst so die Zuversicht.

Wenn man sich darauf konzentriert, was man nicht hat, kann man nicht sehen, was man hat

Manchmal gelingt es Außenstehenden leichter zu sehen, wie wir uns selbst behindern. Jack, ein Journalist der Regionalzeitung, der zusätzlich einen Englischkurs am örtlichen Community College gab, war von seinem Therapeuten an eine meiner Therapiegruppen weiterverwiesen worden. Bei unserer ersten Begegnung klagte er über eine Serie von gescheiterten Beziehungen.

Jack trug ausgelatschte Turnschuhe und ein zerknittertes Hemd, das eine ganze Weile nicht gewaschen worden war, hatte einen ungepflegten Bart und brachte einen unangenehmen Geruch in mein Sprechzimmer mit. Als er erklärte, er würde von hier direkt zu seinem Collegekurs gehen, konnte ich mir gut vorstellen, was für einen Eindruck er bei seinen Studierenden und Kolleg*innen hinterließ, wenn er ihnen bereits durch sein Äußeres mitteilte, dass es ihm egal war, wie er wahrgenommen wurde. Unwillkürlich musste ich denken: *Wer will sich denn mit jemandem verabreden, der seine Körperhygiene dermaßen vernachlässigt?*

Im Verlauf unserer Sitzung beschwerte Jack sich darüber, dass er es im Leben nicht so weit gebracht hatte, wie es ihm seiner Meinung nach zustand. Er träumte davon, ein erfolgreicher Schriftsteller und Vollzeitprofessor zu sein und eine attraktive Frau zu heiraten, die ihm den Rücken stärkte. All das war aber nicht eingetroffen. Er erklärte seine niedergedrückte Stimmung mit einem Zitat seines Lieblingsschriftstellers Hemingway über eine seiner Figuren in *Fiesta*, und dann sprach er plötzlich über Hemingway selbst, der »schrittweise« zugrunde gegangen sei. Jack erzählte von seinen letzten Affären, jeweils mit dem gleichlautenden Fazit: »… und dann, ich weiß nicht warum, hat sie mich plötzlich sitzengelassen.« Er hatte nicht die geringste Ahnung, dass er sie selbst von sich gestoßen hatte, und es kam ihm überhaupt nicht in den Sinn, dass er sein Elend selbst perpetuierte. Er brauchte Hilfe dabei, seine Wahrnehmung zu verschieben.

Ich sagte: »Sie betrachten Ihr Leben auf eine bestimmte Weise – aber damit sich etwas verändert, müssen Sie den Mut finden, sich selbst in Frage zu stellen.«

»Leichter gesagt als getan«, sagte Jack.

Ich wies auf ein kleines Zitat aus *Der alte Mann und das Meer*, das in meiner Praxis an der Wand hängt, und Jack las es vor: *»Jetzt ist nicht die Zeit, darüber nachzudenken, was du nicht hast. Denk nach, was du mit dem, was da ist, machen kannst.«*

»Klingt wie ein Spruch aus einem Glückskeks«, sagte Jack abfällig. »Kommt es daher?«

»Der Name des Autors steht darunter«, bemerkte ich.

Jack kniff die Augen zusammen, und als er ihn nicht entziffern konnte, stand er auf und schlurfte zu dem Zitat hinüber. Er ließ die Schultern hängen, schob die Hände tief in die Hosentaschen und warf einen Blick auf den Namen unter dem Text. Er nickte und murmelte: »Hemingway.«

Jack musste seine festgefahrene Einstellung und sein mangelndes Bewusstsein dafür, dass sein eigenes Benehmen seinem Erfolg im Wege stand, in Frage stellen. Was er an sich selbst nicht wahrnahm, sahen andere ohne Mühe. Seine Erwartungen und seine Unfähigkeit, sein kontraproduktives Verhalten wahrzunehmen, ließen ihn in ein Loch fallen, sooft er über seine Situation nachdachte. Anstatt seine Talente und Stärken zu bemerken, konzentrierte er sich auf das, was er nicht hatte – und so konnte er das, was er hatte, nicht nutzen. Kennen Sie dieses Problem?

Wir leben in einer Welt aus Paradoxien, Widersprüchen, Inkonsequenzen und Konflikten. Es gibt kein Hoch ohne Tief, keinen Gewinn ohne Verlust, kein Vertrauen ohne Betrug, keine Liebe ohne Gleichgültigkeit. Und dennoch bezeichnet Robert Landry, der vielleicht bedeutendste Dramatherapeut der Welt, Ambivalenz als die Rolle, die wir am häufigsten für uns auswählen. Er weist darauf hin, dass »Sein oder Nichtsein«[9] das bekannteste Zitat der Welt ist. Viel ambivalenter geht es nicht.

Diese stetige Ambivalenz zeigt, dass wir immerzu versuchen, eine Entscheidung zu fällen – auch über unsere Emotionen –, aber es fühlt sich häufig nicht so an. Vielleicht können wir es uns zunächst kaum aussuchen, ob wir ein bestimmtes Gefühl haben oder nicht, aber wir müssen eine Entscheidung fällen, ob wir es fortsetzen wollen. Wir treffen ständig Entscheidungen darüber, wie wir uns fühlen, und zwar durch eine fixierte Linse, von deren Existenz die meisten von uns keine Ahnung haben. Unsere Entscheidungen, wie wir uns weiterhin fühlen sollten, werden häufig stark von etwas beeinflusst, das sich unserer Wahrnehmung entzieht.

Wie das zustande kommt, sehen wir in der nächsten Selbstexploration.

Selbstexploration
Was geschieht, wenn man sich auf die Dinge konzentriert, die man nicht will

Denken Sie an eine Person, die Sie nicht leiden können – ob Sie sie persönlich kennen oder nicht. Jemanden, den Sie verachtenswert finden, vielleicht sogar hassen.

Schritt 1: Schreiben Sie auf, wer es ist, und halten Sie alles, was Sie an der Person nicht ausstehen können, in einer Liste fest. Ist er oder sie besserwisserisch? Egozentrisch? Ruppig? Illoyal? Unehrlich? Worum auch immer es sich handelt, denken Sie an alle Gründe, weshalb Sie diese Person nicht mögen, und machen Sie die Liste so lang wie möglich.

Schritt 2: Stellen Sie sich die Person bildlich vor und achten Sie darauf, wie Ihr Körper reagiert. Nehmen Sie Ihre Emotionen wahr und hören Sie auf Ihre Gedanken.

Schritt 3: Sehen Sie Ihre Liste an. Überlegen Sie, ob Sie nicht gerade Ihr genaues Gegenteil identifiziert haben. Sie haben einen ausführlichen Katalog von Eigenschaften erstellt, deren Ausbildung Sie Ihr Leben lang *vermieden* haben.

Wie kann es sein, dass unsere Abneigung gegen jemanden so vollkommen enthüllt, was wir niemals sein wollen? Jemand anderes würde die von Ihnen beschriebene Person vielleicht ganz nett finden. Wer die Person ist, verursacht überhaupt nicht die Reaktion, die sie bei Ihnen ausgelöst hat – unsere Gefühle resultieren daraus, was die Person für uns repräsentiert. Dass Sie dieser Person gegenüber so empfinden, wird von Charaktereigenschaften beeinflusst, von denen Sie bis dato vermutlich gar nicht wussten, dass Sie sie haben.

Ihre negativen Gefühle resultierten aus einer Projektion, nicht unähnlich einem Projektor im Filmtheater. Wenn wir einen Horrorfilm einlegen, werden auf die Leinwand unseres Lebens grauenhafte Bilder projiziert. Wenn man sich nur damit beschäftigt, was nicht in Ordnung ist, was man nicht hat oder was schiefläuft, dann ist das, als wählte man einen Horrorfilm aus und suchte die Schuld dafür, dass man geschockt ist, beim Film.
Wenn Ihnen der Film nicht gefällt, können Sie ihn auswechseln. Die Quelle unserer Erfahrung liegt in uns, nicht außerhalb. Man kann eine andere Wahl treffen. Man muss lernen zu fragen: »Ist diese Entscheidung hilfreich?«

Die Biochemie unserer Aufmerksamkeit

Ihr *Vagotonus*, der das Verhältnis Ihres Herzschlags zur Atemfrequenz bestimmt, ist ein Maß dafür, wie gut Sie funktionieren. Ein gesunder Vagotonus weist eine leichte Steigerung des Herzschlags auf, wenn Sie einatmen, und eine Senkung, wenn Sie ausatmen. Gemessen wird die Größe der durchschnittlichen Veränderung des Herzschlags vom einen Zustand zum anderen. Der Vagotonus ist ein Gradmesser für die autonome Flexibilität, die unmittelbar mit sozialer Verbundenheit und psychischem Wohlbefinden zusammenhängt. Die Forschung zeigt, dass diese Art biologischer Flexibilität einem Individuum gestattet, soziale und emotionale Begegnungen maximal zu nutzen. Dieser Gewinn befördert dann eine

»Aufwärtsspirale« und einen höheren Vagotonus. Menschen mit einem niedrigen Vagotonus ergreifen diese Gelegenheiten nicht, und so verwirklichen sich auch die sozialen Vorteile nicht. Wenn wir einsam sind, schlagen wir kein Kapital aus den Möglichkeiten, die sich ergeben, wenn wir eine Verbindung aufbauen.[10]

Früher ging man davon aus, dass man entweder einen hohen oder einen niedrigen Vagotonus hat, der sich das ganze Leben hindurch ebenso wenig verändert wie die Körpergröße. Wenn er hoch war, hatte man ein gutes Immunsystem, gute soziale Beziehungen, man war liebevoller und glücklicher und verfügte über zahlreiche weitere biologische Vorteile, wie einen besseren Glukosestoffwechsel und mehr Kontrolle über Emotionen, Verhalten und Aufmerksamkeit. Aus diesem Grund wirkt auch ein tiefer Atemzug, gefolgt von langem, langsamem Ausatmen, beruhigend. Er stimuliert den Vagusnerv (der unser Herz mit dem Gehirn verbindet), der seinerseits hilft, uns ruhiger zu machen. Ein niedriger Vagotonus hingegen bedeutete Entzündung, Angst, Depression, Einsamkeit und Herzinfarkt.

Eine Forschungsarbeit von Bethany Kok und Barbara Fredrickson hat nachgewiesen, dass wir unseren Vagotonus verändern können.[11] Es gelang ihnen zu zeigen, dass der Vagotonus der Studienteilnehmer*innen sich änderte, wenn sie zwei Monate lang zehn Minuten pro Tag über die Menschen, die sie liebten (und von denen sie geliebt wurden), meditierten. Das bewies, dass man seine Positivität und sein körperliches Wohlbefinden durch selbstverstärkende Liebe signifikant erhöhen kann.

Mit anderen Worten: Es hat biochemische Folgen, die uns von Grund auf verändern können, wenn wir verändern, woran wir denken.

Selbstexploration
Was geschieht, wenn wir uns auf Positivität konzentrieren

Um dies besser zu verstehen, müssen wir erfahren, wie unser Körper, unsere Emotionen und unser Denken sich verwandeln, wenn wir unsere Konzentration verlagern.

Schritt 1: Schreiben Sie die Namen von drei Menschen auf, die Sie bewundern. Es können wiederum Leute sein, die Sie persönlich kennen oder auch nicht. Jetzt überlegen Sie sich, was diese Menschen verbindet. Worin ähneln sich die Personen, die Sie bewundern? Finden Sie den roten Faden zwischen ihnen, ihren gemeinsamen Nenner.

Schritt 2: Überlegen Sie, ob dieser gemeinsame Nenner ein Charakterzug, eine Fähigkeit oder Eigenschaft ist, die Sie in Ihrem eigenen Leben kultivieren – etwas, wonach Sie streben. Wenn wir die Menschen erkennen, die wir bewundern, beleuchten wir unsere eigenen Motivationen. Andere sind vielleicht gar nicht so begeistert von den Menschen, die Sie ausgewählt haben.

Schritt 3: Jetzt denken Sie an eine Person, die Sie lieben und die Sie liebt. Sehen Sie sie bildlich vor sich. Achten Sie auf den Unterschied in Ihrem Körper, wenn Sie an die geliebte Person denken, verglichen mit der Person aus der vorigen Übung, die Sie verachten.

Die Fähigkeit, die wir hier entwickeln, ist die Erkenntnis, dass Sie eine Entscheidung treffen, wenn Sie immerfort an Dinge denken, die Sie beunruhigen. Sie können sich weiterhin mit der Person beschäftigen, die Sie abstoßend finden, aber Sie können auch an die Bewunderung und Liebe denken, die Sie für eine andere Person empfinden. »Sehen oder nicht sehen« sozusagen. Das zeigt, dass aversive Gefühle oder positive Gefühle über etwas oder jemanden durch eine gefärbte Brille beeinflusst werden, von der wir oft überhaupt nicht wissen, dass wir sie tragen.

Ein Leben voller Möglichkeiten hängt nur von Ihnen ab

Barbara Fredricks sagte zu ihrer oben erwähnten Forschungsstudie über positive Energie und den Vagotonus: »Diese Forschung zeigt nicht nur, dass unsere Emotionen kontrollierbar sind, sondern auch, dass wir die Zügel unserer Emotionen in die Hand nehmen und uns zu besserer körperlicher Gesundheit hinlenken können.«[12] Dies ist eine Fähigkeit, die man praktisch anwenden kann, um Hoffnung zu generieren.

Wie wir in Kapitel 1 gelernt haben, hat Hoffnung mit den Erwartungen an die Zukunft zu tun, nicht mit der Überwindung der Vergangenheit. Bei unserer ersten Übung zur Wirkung einer Haltung der Dankbarkeit wurde deutlich, dass wir zwar die Vergangenheit nicht ändern, dass wir sie aber anders betrachten können – und dass wir sie dann anders empfinden.

Dieses Kapitel demonstrierte die Fähigkeit unserer Perspektive, Möglichkeiten für die Hoffnung zu eröffnen und damit ein besseres Lebensgefühl zu gewinnen. Wenn Sie sich Ihr bestmögliches Selbst vorstellen, fühlen Sie vermutlich einen stärkeren Antrieb, es zu erreichen. Auf dem Weg dahin können Sie Ihren Vagotonus verbessern, indem Sie Ihren Fokus auf die positiven Dinge in Ihrer

Wahrnehmung richten – wie das, was Sie an anderen Menschen bewundern, wen Sie lieben und wer Sie liebt. Sie haben erfahren, dass eine Verschiebung Ihres Blickwinkels zu einem völlig anderen Verständnis einer Situation führen kann. Sie haben Ihr Mindset identifiziert und in Frage gestellt.

Die Benutzung eines positiven Filters ist keine Lüge – es ist eine Entscheidung. Negative und positive Möglichkeiten sind gleichermaßen vorhanden; sie wählen einfach nur aus, welche Sie sich ansehen wollen. Wenn sich diese Wahl im Lauf der Zeit wiederholt, bringt sie eine Veränderung in Ihren Körper, in Ihr Bewusstsein und in Ihr Leben.

Kleine, absichtsvolle Handlungen können eine kumulative Wirkung haben. Sie beschließen, die Welt auf zuversichtlichere Weise zu sehen und sich auf das Mögliche zu konzentrieren. Die Forschung hat herausgefunden, dass es etwas gibt, was mehr als alles andere die Waage weg von der Depression und hin zur Zuversicht ausschlagen lässt: Erwartungen.

»*Entscheidend ist nicht,
was man anschaut, sondern,
was man sieht.*«

———

Henry David Thoreau

KAPITEL 3

Schönes, Hilfreiches und Gutes wahrnehmen

Paare kommen nur selten zum »Wartungsdienst« in die Therapie. Gewöhnlich warten sie, bis die Achse gebrochen oder der Motor ausgefallen ist.

Als Kate und Sam bei mir erschienen, waren sie irgendwo dazwischen. Es war nichts Katastrophales passiert, aber die Sache lief in die falsche Richtung. Sie schienen sich hauptsächlich zu ignorieren oder aus dem Weg zu gehen, und ihr Liebesleben hatte sich kontinuierlich vermindert. Sie vergruben sich in Arbeit, sportlichen Aktivitäten und den Erfolgen ihrer Kinder. Ihr jüngster Sohn stand kurz vor dem Aufbruch in die weite Welt, was bedeutete, dass Mutter und Vater jetzt auf sich zurückgeworfen waren. Es war Zeit, den dritten Akt zu planen und den Rest des Lebens zu genießen. Das Problem? Sie hatten aufgehört, miteinander zu reden.

Ein Jahr zuvor hatte Kate eine neue Stellung in ihrem Betrieb angetreten, die den Status und die Gehaltserhöhung mit sich brachte, die ihr gebührten. Zum ersten Mal in ihrer Laufbahn verdiente sie mehr als Sam, der sich in seinem Job ohne Aufstiegsmöglichkeiten gefangen fühlte. Wenn Kate abends voller Begeisterung nach Hause kam und Sam erzählen wollte, was sie den Tag über getan und gelernt hatte, nickte Sam und heuchelte Interesse, verlor sich aber so bald wie möglich im Fernsehprogramm oder zog sich zurück, um zu lesen. Nach einigen Monaten hörte Kate auf, begeistert zu erzählen, und sie drifteten langsam, aber sicher auseinander. Dann kam, wie so oft, ein Aha-Erlebnis, das den Anstoß gab, Hilfe zu suchen.

Kate lehnte sich vor: »Wir fuhren zusammen im Auto, und an einer Ampel querte eine Prozession von vier schwarzen Limousinen die Kreuzung.«

Sam meinte: »Wie aus der Pistole geschossen sagte ich: ›Wer da wohl begraben wird?‹«

Kate fügte hinzu: »Im selben Augenblick habe ich gesagt: ›Wer da wohl heiratet?‹«

»Ich habe Kate verwundert angeschaut und mich gefragt, wie um Himmels willen sie auf die Idee kommen konnte, das sei eine Hochzeit«, sagte Sam. »Ich glaube, das war der Moment, als uns beiden klar wurde, dass wir ein Problem haben.«

»In mir hat sich alles zusammengezogen, als er von ›begraben‹ sprach«, fügte Kate hinzu. »So sieht die Welt aus, in der er lebt – in der er jeden Tag aufwacht.«

Ob die vier Limousinen zu einer Beerdigung oder einer Hochzeit fuhren oder bloß von der Autowäsche kamen, die Wahrnehmung und Bewertung ein und derselben Begebenheit war so gegensätzlich wie die Reaktion darauf. Es war, als hätte Sam einen Film seines Bewusstseins mit dem Titel »Ende« gezeigt, während Kates Film »Anfang« hieß.

Unser innerer Zustand bestimmt unsere Erfahrungen

Der Talmud sagt: »Wir sehen die Dinge nicht, wie sie sind. Wir sehen sie, wie wir sind.« Philosophie und Psychologie beschäftigen sich schon lange mit der Frage, warum wir denselben Gegenstand unterschiedlich wahrnehmen und unterschiedlich darauf reagieren. Im vorigen Kapitel haben Sie gesehen, wie unsere Erfahrungen die Linse einfärben, durch die wir das Leben betrachten. Im Lauf der Zeit bemerken wir überhaupt nicht mehr, dass wir einen bestimmten Film aus unserem Bewusstsein sehen oder die Welt durch eine gefärbte Brille anschauen. Wir akzeptieren einfach, dass dies der Film ist, den wir sehen müssen. Wie die Selbstexplorationen mit verhassten oder bewunderten Personen gezeigt haben, hängen unsere Reaktionen von unserer Erfahrung und unserer Aufmerksamkeit ab.

Erlernte Zuversicht hat damit zu tun, dass man seine Wahrnehmung immer wieder hoffnungsvolleren Dingen zuwendet. Die Verschiebung des Blickwinkels ist die grundlegende Fähigkeit für alle sieben Entscheidungen. Sobald uns klar wird, dass man etwas auch anders sehen kann, haben wir die Wahl, wie wir es wahrnehmen wollen. Wenn uns etwas in schlechte Laune versetzt, dann ist das so, als würde unser Gehirn uns befehlen, die Welt als öde und leer wahrzunehmen.

Aber wenn es gelingt, den Blickwinkel nur ein wenig zu verschieben und durch eine andere Linse zu schauen, verändert sich etwas. Wir sehen die Welt anders, nämlich positiver, und wir reagieren entsprechend. Das, was man anschaut, verändert sich nicht im Geringsten – man schaut es nur anders an. Das ermöglicht es, die Welt zuversichtlicher wahrzunehmen. Wir können nicht bestimmen, *was* wir sehen, aber wir können bestimmen, *wie* wir es sehen. Die Bereitschaft hierzu ist entscheidend wichtig, wenn Sie Ihr Lebensgefühl verändern wollen.

Haben Sie schon einmal erlebt, dass Sie in einer schweren Lebensphase von einem Liedtext geradezu angesprungen wurden, weil er sich so stark auf Ihre Situation bezog? Unser Innenleben beeinflusst nicht nur ständig, was und wie wir sehen, sondern auch, was wir hören und spüren. Vielleicht haben Sie den Song schon tausendmal gehört, aber jetzt hören Sie ihn anders. Unser Gefühlszustand bestimmt nicht nur die Erwartung, *worauf* wir Acht geben, sondern auch, *wie* wir es interpretieren.

Was erwarten Sie zu sehen?

Unsere Gedanken bestimmen unseren Blick auf die Welt, denn sie schaffen eine Erwartungshaltung. Optimisten, ebenso wie Pessimisten, pflegen bestimmte Erwartungsmuster. Unsere Erfahrung wird geformt von unserer Erwartung auf das Kommende.

Das ist fast eine Art Selbsthypnose. Forschungsarbeiten zur Hypnose zeigen, wie stark Erwartungen wirken. In einer Studie wurde den Teilnehmenden unter Hypnose gesagt, sie würden einen Moment lang mit einem glühenden Kohlestück berührt. Anschließend berührten die Forschenden die Teilnehmer*innen mit einem Eiswürfel. Auf dieser Stelle entstand bei den Teilnehmenden sofort eine *Brandblase*.[1] Die Erwartung von etwas Schlechtem versetzte die Studienteilnehmenden in einen Selbstschutz-Modus, der natürlich vollkommen unnötig war, aber Folgen hervorrief. Die Macht der Erwartung funktioniert aber auch umgekehrt. Unter Hypnose können Allergiker*innen zum Beispiel eine allergische Reaktion verhindern, wenn man ihnen einredet, sie seien von dem fraglichen Allergen nicht betroffen.[2]

In diesen Studien wurde der Stimulus, abhängig von der Erwartungshaltung, anders wahrgenommen. Ein Eiswürfel kann eine Brandblase verursachen, wenn man erwartet, dass er eine Verbrennung auslöst, und eine allergische Reaktion kann neutralisiert werden, wenn das Allergen als harmlos eingeschätzt wird.

Die Forschung über positive Interventionen und über ihre Anwendung hat gezeigt, dass diese kumulativ wirken. Wir lernen, kontinuierlich Mittel und Wege zu finden, die Welt durch eine andere Linse zu sehen. Das Ziel ist, Augenblicke zu akkumulieren, in denen Zuversicht als natürliches Ergebnis entsteht.

Um sich zu befreien, muss man zuerst erkennen, dass man feststeckt

Sie kennen vermutlich das hoffnungslose Gefühl, wenn man in einem wiederkehrenden, grüblerischen, negativen Gedanken festhängt. Irgendein Vorkommnis löst einen negativen Kreislauf aus, der sich immer schwerer abschütteln lässt. Wenn unsere negativen Emotionen uns kidnappen, hindert das unsere rationale Seite daran, bessere Entscheidungen über unser Denken, Fühlen und Handeln zu treffen.

Dies aufzuhalten ist schon einmal ein guter Anfang. Das haben wir mit den bisherigen Übungen gelernt; sie zielen darauf ab, uns aus alten Mustern zu befreien, damit wir übersehene Möglichkeiten und unser nicht verwirklichtes Potenzial erkennen können. Wenn Sie diese Übungen durchgeführt haben, dann fühlen Sie sich mit großer Wahrscheinlichkeit ein wenig zuversichtlicher.

Um diese Erkenntnisse in eine nachhaltige Veränderung Ihrer Wahrnehmung zu überführen, müssen Sie sich zunächst davon überzeugen, dass eine Veränderung möglich ist. Um von der Möglichkeit einer Veränderung überzeugt zu sein, müssen Sie erkennen, dass es von einer Entscheidung abhängt, wie Sie etwas betrachten. Das haben wir im vorigen Kapitel geübt.

Jetzt sind Sie bereit, Ihre Fähigkeiten auf das nächsthöhere Niveau zu bringen. Es ist das eine, die Wahrnehmung zu beobachten und zu verändern und damit Ihre negativen Gedanken in Frage zu stellen – es ist aber etwas ganz anderes, Ihre Gedanken, Gefühle und Wahrnehmungen positiv zu beeinflussen. Als Sie lernten, Auto oder Fahrrad zu fahren, brauchten Sie für das Abbremsen und Anhalten ganz andere Fähigkeiten als für das Abbiegen oder Beschleunigen. Wenn Sie langsamer werden und stehenbleiben, kommen Sie nie ans Ziel. Ebenso ist das Verlangsamen und Anhalten eines depressiven Mindsets nicht dasselbe wie Glücklichsein. Wir müssen also auch noch andere Fertigkeiten erwerben.

Jetzt gehen wir der Frage auf den Grund, wie Gedanken sich verändern. *Sie verändern sich, wenn sie wahrgenommen werden.* Dies ist einerseits ein uraltes Geheimnis und andererseits ein höchst spannendes neues Forschungsgebiet. Auf unsere Gedanken und Handlungen zu achten, ist vielleicht der direkteste Weg, Zuversicht zu initiieren.

Ertappen Sie Ihre Gedanken, um den Raum für Wahlmöglichkeiten zu öffnen

Viele psychologische Behandlungsansätze und spirituelle Praktiken beginnen mit der Aufforderung, unsere Wahrnehmungen in Frage zu stellen: Logotherapie, Rational-Emotive Verhaltenstherapie, kognitive Verhaltenstherapie, Akzeptanz- und Commitmenttherapie, Resilienztraining, positive Psychotherapie und psychodynamische Therapie, ebenso spirituelle Praktiken wie *A Course in Miracles*, Buddhismus und verschiedene Arten der Meditation. Sie alle stellen in Frage, was wir denken und wie wir eine Situation, Reaktion oder Wahrnehmung sehen.

Dieses Infragestellen eröffnet eine Wahlmöglichkeit. Das Wissen, dass wir eine Wahl haben, ermutigt und unterstützt wiederum die Hoffnung auf die Zukunft. Ein wichtiger Gedanke, der oft Viktor E. Frankl zugeschrieben wird, aber zum ersten Mal 1963 von dem Psychologen Rollo May geäußert wurde, fasst dieses Infragestellen zusammen: »Zwischen Stimulus und Reaktion befindet sich ein Raum. In diesem Raum liegt die Macht, unsere Reaktion auszuwählen. In unserer Reaktion liegt unser Wachstum und unsere Freiheit.«[3]

Dieser Raum ist das entscheidende Element hinter unserer Macht, eine Wahl zu treffen. Doch hat die Wissenschaft bislang versäumt zu definieren, was genau dieser Raum ist und wie man Zutritt zu ihm bekommt und ihn fördert.

Dispositionelle Achtsamkeit (*dispositional mindfulness, DM*) bedeutet hellwache Aufmerksamkeit gegenüber unseren Gedanken und Gefühlen im gegenwärtigen Moment.[4] Forschungsstudien haben nachgewiesen, dass die Fähigkeit dazu viele körperliche, seelische und kognitive Vorteile mit sich bringt. Wenn wir auf unsere innere Erfahrung mit Achtsamkeit reagieren können, ohne zu werten und ohne gleich zu handeln, führt das zu einer tiefgreifenden Verschiebung unseres Verhaltens.

Bevor wir fortfahren, möchte ich ein verbreitetes Missverständnis über die Praxis der Achtsamkeit zerstreuen, dem Roseanne, eine meiner Klientinnen, Ausdruck gab.

»Nicht werten und nicht reagieren?«, sagte Roseanne und rümpfte die Nase. »Ich muss mich doch wohl nicht in eine von diesen blässlichen Müsliesserinnen verwandeln, die im Schneidersitz auf dem Boden sitzen, oder?« Roseanne hatte offensichtlich nicht die geringste Lust, diese Kunststücke zu lernen. »Ich fühle meine Gefühle gerne. Wenn ihnen keine Reaktion folgt, dann bin ich doch einfach nur langweilig.«

»Es geht nicht darum, keine Gefühle zu haben«, erklärte ich. »Es geht um genug Abstand zwischen Ihnen und Ihren Gefühlen, so dass Sie wählen können, wie – und ob – Sie reagieren.«

Roseanne war einverstanden, die Methoden auszuprobieren, die ich ihr beibrachte. Nach zwei Wochen gab sie eine Rückmeldung. »Irgendwas hat sich definitiv verändert«, begann sie. »Ich kann mich jetzt selbst beobachten – und meine Gedanken. Es ist, als wäre ich von allem einen halben Schritt zurückgetreten – ich bin entspannter. Ich habe das Gefühl, ich kann mich besser kontrollieren. Ich bin zuversichtlicher.«

»Sitzen Sie schon im Schneidersitz?«, scherzte ich.

»Nein, aber ich habe tatsächlich eine Schwäche für Müsli entwickelt.« Sie lächelte.

Es mag Ihnen so vorkommen, als klinge aufmerksames Beobachten verdächtig nach Achtsamkeitsmeditation – nach der buddhistischen Praxis der Achtsamkeit, die als Weg zu einem mitfühlenden Leben, zur Entwicklung von tieferem Verständnis im Westen Verbreitung fand. Diese Meditationsform war von den Buddhisten gedacht, die Menschen zu einem bewussten Leben zu führen. Aber im Westen gilt die Praxis mehr als Mittel zum Zweck: Man wird ruhiger, der Blutdruck sinkt, man hat bessere Beziehungen und weniger Stress, wenn man achtsamer ist.

Bei der dispositionellen Achtsamkeit genießen wir zwar durchaus auch die erwähnten Vorteile, es geht aber darum, dass wir unser Leben von Augenblick zu Augenblick, von Tag zu Tag bewusster leben.[5] Wenn man die Achtsamkeit so betrachtet, wird sie ein Teil unseres Lebens – eine Struktur, kein Zustand, in den wir uns nur während der Meditation begeben.

Die Wissenschaft, die sich heute mit dispositioneller Achtsamkeit und der von mir so genannten »angewandten Bewusstheit« befasst, liegt wohl auch der Frage zugrunde, wie wir Hoffnung, Beharrlichkeit und geistig-seelische Gesundheit aufrechterhalten können. Es wurde nachgewiesen, dass die dispositionelle Achtsamkeit psychopathologische Symptome wie Depression und Angst verändern kann. Sie wird positiv mit adaptiven Gedankenprozessen und besserer Gefühlsverarbeitung und -regulierung in Verbindung gebracht. Alles dies resultiert nicht daraus, dass wir unsere Denkweise verändern, sondern dass wir, ohne zu werten, achtsam wahrnehmen, was und wie wir denken.

Die folgende Liste stellt nur einen Ausschnitt der Forschungsergebnisse aus nahezu hundert Studien zur dispositionellen Achtsamkeit dar.[6]

* Niedrigeres Stresslevel
* Weniger Vermeidungsverhalten
* Geringere Depressionssymptome
* Weniger Angst
* Bessere Funktionalität bei Borderline-Syndrom
* Reduzierung der Symptome des Posttraumatischen Stresssyndroms
* Verbesserte adaptive Bewältigungsstrategien
* Verminderung des Grübelns
* Weniger katastrophische Ängste in Bezug auf Schmerz
* Verminderung von Neurotizismus
* Verbesserte Exekutivfunktionen
* Verminderte Impulsivität
* Größere emotionale Stabilität

Die Liste ist beeindruckend, wenn man bedenkt, dass wir dafür nur lernen müssen, auf unsere Gedanken und Handlungen zu achten, ohne zu werten. Das bedeutet, dass bereits bevor wir den Versuch machen, unsere Gedanken zu ändern, ein enormer Gewinn darin liegt, sie einfach wahrzunehmen.

Warum sollte die Wahrnehmung unserer Gedanken eine solche Wirkung entfalten? Weil die Ausübung dieser Fähigkeit die lebensnotwendige Praxis der *Selbstregulierung* stärkt. Das ist das Geheimnis hinter jeder der sieben Entscheidungen. Wenn man daran arbeitet, mit Hilfe der dispositionellen Achtsamkeit die Fähigkeit zur Selbstregulierung zu entwickeln, stärkt man die Fähigkeit, auszuwählen, worauf man achtet.[7]

Nach der Definition von Jon Kabat-Zinn, einem der führenden Forscher auf dem Gebiet der Achtsamkeitsmeditation, bedeutet »Achtsamkeit, auf bestimmte Weise aufmerksam zu sein: absichtsvoll, im gegenwärtigen Moment, ohne Wertung.«[8] Diese Definition gilt auch für die dispositionelle Achtsamkeit.

Selbstexploration

Die eigene Erfahrung achtsam wahrnehmen

Nach meiner Erfahrung gelingt es mit diesen Richtlinien, den Raum zwischen Stimulus und Reaktion zu öffnen und unsere Gedanken achtsam wahrzunehmen.

Schritt 1: Achten Sie darauf, was Sie wahrnehmen. Werden Sie sich bewusst, was Sie mit Ihren Sinnen bemerken. Schreiben Sie zuerst in Ihr Tagebuch, was Sie sehen, und dann konzentrieren Sie sich auf das, was Sie hören, von außen nach innen. Was sehen, hören und fühlen Sie gerade jetzt – außerhalb von Ihnen und in Ihrem Körper? Schreiben Sie alles so genau wie möglich nieder. Lassen Sie Ihre Aufmerksamkeit wandern, von den Füßen zu den Schultern bis zum Ein- und Ausatmen. Schreiben Sie auf, was

Sie bemerken, ohne zu werten. Selbst wenn Sie ein unangenehmes Gefühl haben, werten Sie es nicht – sie nehmen einfach nur wahr, was Sie wahrnehmen.

Schritt 2: Beobachten Sie, was besonders lebhaft ist und überlegen Sie, was Ihnen besonders aufgefallen ist. Waren Ihre Zehen kalt? Der Jasminduft von draußen? Wie schnell Ihr Atem ging? Seien Sie neugierig, was Ihre Aufmerksamkeit gefangen nimmt, und schreiben Sie es auf. Schließlich und endlich können Sie diese Übung auch mit hinaus in die Welt nehmen. Gibt es einen schönen Sonnenuntergang? Ein herrlich riechendes Restaurant? Eine warme Brise? Wenn etwas Auffallendes geschieht, dann seien Sie aufmerksam. Genießen Sie es und erweitern Sie Ihre Erfahrung, indem Sie es in Ihrem Tagebuch unter dem Titel »Was ins Auge springt« festhalten.

Schritt 3: Ertappen Sie sich beim Denken. Während Sie die ersten beiden Praktiken in Ihr tägliches Leben integrieren, sollten Sie sich auch Ihrer Gedanken bewusst werden. Woran denken Sie? Was fühlen Sie? Vergessen Sie nicht: Sie fällen keine guten oder schlechten Urteile – Sie beobachten nur. Zu Anfang ist es vielleicht nützlich, diese Augenblicke in einer Notiz in Ihrem Handy zu speichern. Halten Sie diese Beobachtungen eine Woche lang in Ihrem Tagebuch fest, danach fahren Sie fort, sie regelmäßig zu beobachten. Das Ziel ist, achtsam wahrzunehmen, was geschieht, während es geschieht. Anschließend führen Sie den ganzen nächsten Monat Tagebuch und bleiben Sie aufmerksam.

Die Übung der dispositionellen Achtsamkeit ist der Beginn eines dauerhaften Prozesses und soll zu einer neuen Gewohnheit werden auf dem Weg in ein Leben voller Zuversicht. Sie beleuchtet

> eine Situation, um uns daran zu erinnern, dass wir die Macht der Wahl haben. Der Raum zwischen Wahrnehmung und Reaktion wird deutlicher, sobald wir den Abstand zwischen beidem wahrnehmen. Die dispositionelle Achtsamkeit ermöglicht uns diesen Abstand zu vergrößern, indem wir einfach nur bemerken, dass es ihn gibt.

Subtile Bewusstheit als Basis für die Verschiebung des Blickwinkels

Zu jeder Zeit gibt es ein Ich, das etwas erlebt und gleichzeitig dieses Erlebnis interpretiert. Das ist die erste Bewusstheit. Indem Sie wahrnehmen, was Sie wahrnehmen (wie der Beat-Poet Allen Ginsberg es ausdrückte)[9], entdecken Sie, was Sie erfahren, und werden zugleich aufmerksam auf Ihre Reaktion. Sie bemerken, dass da ein Stimulus ist – Ihre Wahrnehmung –, und eine Antwort – Ihre Reaktion. Die Achtsamkeit hilft Ihnen, Ihre Gedanken und Gefühle während Ihres Tageslaufs wahrzunehmen, und verleiht Ihnen die Macht, auszuwählen, ob und wie Sie handeln wollen.

Dieses zarte Gefühl, dass da ein Ich ist, das eine Erfahrung macht, bedeutet eine Selbstermächtigung. Ebenso, wie Atomkraft spontan entsteht, wenn ein Atom gespalten wird, werden wir von Energie durchflossen, wenn unser Selbst sich von unseren Gedanken trennen kann. Dieses Bemühen um Selbstregulierung stärkt unsere Fähigkeit, unseren Gedanken und Emotionen eine Richtung zu geben – vor allem was die Zukunft betrifft.

Studien haben nachgewiesen, dass aus der größeren Selbstverwirklichung durch dispositionelle Achtsamkeit ein Funke entspringt, der Hoffnung und Mut generiert. Selbst bevor wir entscheiden, wie wir eine Erfahrung interpretieren wollen, werden als Nebenprodukt der Selbstregulierung diese beiden starken Eigenschaften ausgebildet. Wir stärken unser Ich, wenn wir den Raum zwischen einem Ereignis und seiner Beobachtung durch uns anerkennen. Das gibt uns die Macht, uns auszusuchen, wie wir darauf reagieren wollen.

Wenn Ihre Reaktion Sie beunruhigt, können Sie diesen Raum allmählich erweitern und einen gewissen Abstand zwischen sich und Ihre Erfahrung legen. Um es noch einmal zu wiederholen: Es geht nicht darum, Ihre Erfahrung zu verändern, sondern sie allmählich ohne Wertung wahrzunehmen. Negative Erfahrungen kidnappen oft unsere Aufmerksamkeit. Wenn wir in der Lage sind, mit Hilfe der dispositionellen Achtsamkeit einen Schritt zurückzutreten, bekommen wir Macht über sie.

Diese Techniken sind unsere Stützräder. Sie helfen uns, herauszufinden, worum es geht. Jetzt aber sind wir bereit, unser Gleichgewicht zu finden, und dieses Gleichgewicht verlangt eine noch feinere Aufmerksamkeit. Erinnern Sie sich noch an Ihre Freude, als Sie keine Stützräder mehr brauchten? Sie entwickelten ein intuitives Verständnis dafür, was nottat, um Ihr Fahrrad zu verlangsamen und stehenzubleiben, und Sie empfanden ein Gefühl von Macht, weil Sie wussten, wie Sie von A nach B kommen konnten. Die dispositionelle Achtsamkeit ist der Gleichgewichtsfaktor, das notwendige Werkzeug, um in Ihrem Leben vorwärtszukommen.

Herausforderungen als Möglichkeiten sehen

Helen Keller beschrieb sehr anschaulich die Schwierigkeiten, wenn eine Tür sich im Leben schließt: »Wenn eine Tür zum Glück sich schließt, öffnet sich eine andere; aber häufig schauen wir so lange die geschlossene Tür an, dass wir die, die für uns geöffnet wurde, gar nicht sehen.« Sie musste es wissen – sie war die erste taubblinde Person, die einen Bachelor-Abschluss machte, und ihre Biografie über ihre Lehrerin Ann Sullivan wurde unter dem Titel *The Miracle Worker* (»Wunder geschehen«) verfilmt.

Wenn uns etwas Schlimmes passiert, sind wir erfüllt von Angst, Unsicherheit und häufig auch Pessimismus. Die problematische Erfahrung erfüllt uns mit negativen Gefühlen bezüglich unserer Zukunft. Wenn wir unsere eigene Geschichte jedoch aus einem anderen Blickwinkel betrachten, verändert das die Art, wie wir Schwierigkeiten interpretieren.

Eric, ein Collegestudent im Abschlussjahr, reiste mit dem Zug zu seiner Freundin, die an einem anderen College studierte. Sie erwartete ihn am Bahnhof – um ihm zu sagen, dass sie sich von ihm trennen wollte. Als sie gegangen war, überredete Eric die Beamtin am Fahrkartenschalter, sein Rückfahrticket so zu ändern, dass er sofort zurückfahren konnte. Sobald er im Zug saß, suchte er sich ein stilles Plätzchen und begann zu weinen. Von Halt zu Halt füllte sich der Zug immer mehr, bis sich schließlich eine junge Frau neben ihn setzte. Nach einer Weile fragte sie, was ihm fehle, und da brach die Geschichte aus ihm heraus. Ein Jahr später waren sie verlobt.

Die folgende Übung beschäftigt sich ganz bewusst mit negativen Ereignissen in Ihrem Leben, allerdings blickt sie aus einer Perspektive darauf, die in solchen Ereignissen unter Umständen eine neue Möglichkeit entdeckt. Die Perspektive hilft uns, Negatives aus einem anderen Blickwinkel wahrzunehmen, indem Sie Augenblicke Ihres Lebens Revue passieren lassen, die zu Anfang hoffnungslos schienen – die aber besser endeten, als Sie es je erwartet hätten.

Selbstexploration
Wenn neue Möglichkeiten aus einem Verlust erwachsen

Diese Übung wurde entwickelt und erforscht von Dr. Tayyab Rashid, einem der wichtigsten Entwickler der positiven Psychotherapie neben dem positiven Psychologen Martin Seligman. Sie kann Ihnen helfen zu verstehen, wie Dunkelheit in Ihrem eigenen Leben zu Licht werden kann. Die Forschung zeigt, dass aus einer Re-Evaluation vergangener Erfahrungen Hoffnung und Optimismus erwachsen können.[10]

Schritt 1: Schreiben Sie drei Momente Ihres Lebens auf, als ein negatives Ereignis unvorhergesehene positive Folgen hatte. Etwas Wichtiges ging verloren, aber es eröffneten sich dadurch andere Möglichkeiten, die sonst vielleicht nicht aufgetaucht wären. Ob Sie nun selbst die Tür geschlossen haben oder ob sie Ihnen vor der Nase zugeschlagen wurde – entscheidend ist, dass die zweite Tür sich nicht geöffnet hätte, wäre die erste nicht geschlossen worden.

Schritt 2: Denken Sie über Ihre Beispiele nach. Schreiben Sie die Umstände, die mit dem Ereignis zu tun hatten, in Ihr Tagebuch. Wenn Ihnen jetzt etwas Ähnliches passierte, würden Sie anders reagieren? Was ergab sich an Positivem? Wurde die positive Entwicklung durch Ihre eigene Aktivität ausgelöst?

Dies ist eine gute Möglichkeit, Zuversicht zu lernen. Wir können sehen, wie finstere Situationen unseres Lebens sich in etwas Positives verwandelt haben. Etwas, das auf einer Ebene nicht zustande kam, kann ein Katalysator für Umstände sein, die noch

> viel besser als das Verlorene sind. Wenn Sie diese lebensverändernden Situationen Revue passieren lassen, löst sich der Stachel der damals übermächtigen Probleme, und es zeigt sich, dass das einst so schmerzliche Ereignis eine Tür zu etwas Besserem geöffnet hat. Aus diesem Abstand betrachtet, fühlen sich die negativen Erfahrungen auf unserem Lebensweg nicht mehr so hart an. Anstatt nur unsere momentanen Probleme wahrzunehmen, wissen wir jetzt aus erster Hand, dass frühere Schwierigkeiten zu unerwartet guten Ergebnissen geführt haben. Unsere Probleme reihen sich in das Gewebe unserer Entwicklung ein. Wie die Buddhisten sagen: »Ohne Schlamm keine Lotusblume.«

In den vorhergegangenen Kapiteln haben Sie gelernt, dass es möglich ist, eine Situation mit anderen Augen zu betrachten. In diesem Kapitel haben Sie dieses Wissen noch erweitert, denn Sie haben erkannt, dass Gedanken, Gefühle und Erfahrungen auf der eigenen Wahrnehmung beruhen, so dass die Erwartung, die Sie an das Leben richten, davon abhängt, was Sie zur Notiz nehmen. Aufmerksamkeit und Achtsamkeit ohne Wertung ist hierfür sowohl Vorbereitung als auch Motivation. Das Bemühen um die Selbstregulierung der eigenen Erfahrung erzeugt Hoffnung und Mut. Wenn man wahrnimmt, was geschieht, gewinnt man Abstand, Antrieb und Selbstwirksamkeit, um Entscheidungen über die beste Reaktion zu treffen. Was man wahrnimmt, entscheidet über die Erwartungen, die man an das Leben – und an seine Erfahrungen – stellt.

Wenn wir uns mit den Veränderungen beschäftigen, die wir bereits gemeistert haben, und damit das große Ganze im Blick behalten, lenkt dies unseren Fokus von den Dingen, die schiefgegangen sind, auf das, was vielleicht noch kommen mag. Es hilft, den eisernen Griff zu lösen, mit dem unsere Schwierigkeiten unsere Aufmerksamkeit umklammert halten. Wenn wir begreifen, dass eine schlechte Erfahrung etwas Großartiges auslösen kann, gewinnen wir Hoffnung und heben unsere Erwartungen auf ein anderes Niveau.

Sie sind nun die Stützräder losgeworden und haben gelernt, Rad zu fahren. Jetzt ist es Zeit, den Helm aufzusetzen. Unser nächstes Kapitel handelt davon, wie man positive Gefühle fördern kann. Nachdem Sie sich mit diesem neuen Fahrrad vertraut gemacht haben, werden Sie richtig schnell fahren wollen.

»Um negative Gedanken und destruktive Emotionen zu überwinden, muss man gegenteilige positive Emotionen entwickeln, die stärker und mächtiger sind.«

Dalai Lama

KAPITEL 4

Positive Gefühle pflegen

In Suzannes normalerweise heiterem Leben – sie arbeitete Teilzeit in einer Buchhandlung, genoss die Ferien mit ihrem Mann und hütete gern die Enkel – kehrte sich innerhalb weniger Wochen das Unterste nach oben, als bei ihr Bauchspeicheldrüsenkrebs diagnostiziert wurde. Infolge der aggressiven Chemotherapie fiel ihr schönes braunes Haar binnen eines Monats aus. Sie war zu erschöpft, um babyzusitten oder in der Buchhandlung zu arbeiten. Aufgrund dieser Umwälzungen fühlte sie sich ohnmächtig und hoffnungslos, weshalb ihre Familie sie ermunterte, eine Psychotherapie zu machen.

Sie trug bei unserer Sitzung eine Perücke und sprach von den Dingen, die sie verloren hatte und vermisste.

»Das sind schwere Verluste«, sagte ich, »und ich würde mir Sorgen machen, wenn Sie nicht traurig und fassungslos wären.«

Sie war perplex. Sie hatte erwartet, dass ich als Positiver Psychologe versuchen würde, sie von ihren unguten Gefühlen abzubringen. Doch nichts lag mir ferner. Ich respektierte ihre Gefühle und erkannte sie als notwendig. Sie hatte sich darauf vorbereitet, sie zu verteidigen, aber der Kampf war vorbei, ehe er begonnen hatte.

Suzanne beschrieb ihre Aussichtslosigkeit: »Alles, was ich gerne tue, ist mir genommen«, erklärte sie. »Ich habe jede Hoffnung verloren, dass ich überhaupt wieder etwas davon machen kann.«

Sie werden bemerkt haben, dass Suzanne sagte, sie habe *jede* Hoffnung verloren, *überhaupt* wieder etwas von ihren Aktivitäten aufnehmen zu können. Das waren absolute Aussagen, die mir zeigten, dass ihr Bewusstsein die Situation verzerrte. So etwas verrät Schwarz-Weiß-Denken. Absolutes negatives Denken produziert eine Lawine von negativen Gefühlen, die durch ihre eigenen chemischen Reaktionen noch befeuert werden. Diese Alles-oder-nichts-Haltung zeigte an, dass es Zeit war, ein wenig Grau und Beige beizumischen.

Die Biochemie negativen und positiven Denkens

Wenn man immer wieder an etwas denkt, das schiefgegangen ist, das einen ängstigt oder wütend macht, bringt man sich dauerhaft in einen Alarmzustand – der einen biochemischen Albtraum auslöst. Barbara Fredrickson hat in ihrer Forschung nachgewiesen, dass die daraus resultierenden negativen Emotionen eine Kampf-oder-Flucht-Reaktion auslösen, die den Körper aktiviert, das zu tun, was er tun muss, um zu überleben. Angst ist etwas Funktionales, und unser Blickwinkel verengt sich darauf, unser Leben zu retten.

Deshalb haben wir die Negativitätsverzerrung. Wir müssen jederzeit in den Überlebensmodus schalten können, und wenn wir uns tatsächlich bedroht fühlen, wird Cortisol ausgeschüttet, ein Steroid, das in der Nebennierenrinde produziert wird. Es dient als kurzzeitige Hilfe und Lösung eines unmittelbaren Problems. Es steigert den Blutzuckerspiegel, um uns Energie zuzuführen, unterdrückt das Immunsystem und verwertet andere Energiequellen wie Fett, Eiweiß und Kohlehydrate. Es reduziert auch die Knochenbildung, was sich negativ bei Kindern auswirken kann, die in einem stressbelasteten Haushalt aufwachsen.

Robert Sapolsky hat in seinem Buch *Why Zebras Don't Get Ulcers* (»Warum Zebras keine Migräne kriegen«)[1] über dieses Thema geschrieben. Weil wir Menschen über vergangene und zukünftige Ereignisse nachdenken können, sind wir in der Lage, unserem Körper allein durch Gedanken zu vermitteln, wir befänden uns in einer Krisensituation. Wir sorgen uns um die Hypothek, unsere Arbeitsstelle, unsere Beziehung, und das versetzt unseren Körper in den stresserfüllten Überlebensmodus – statt in einen gedeihlichen Wohlfühlmodus.

Zwar ist erwiesen, dass negative Gedanken und Gefühle stärker sind als positive, aber wenn man sich auf Dinge konzentriert, die einem Freude bereiten oder für die man dankbar ist, verändert sich alles. Positive Emotionen senden ein anderes Signal, und daraufhin verändert sich die Chemie unseres Körpers. Wir produzieren mehr Oxytocin – das Bindungshormon, das bei körperlicher Intimität ausgeschüttet wird oder wenn eine Mutter ihr Baby im Arm hält.

Barbara Fredrickson hat zehn Arten von Positivität identifiziert: Freude, Heiterkeit, Interesse, Hoffnung, Stolz, Liebe, Lustigkeit, Ehrfurcht, Dankbarkeit und Inspiration.[2] In ihrem Labor wurde erforscht, was im Körper geschieht, wenn diese Arten von Positivität aktiviert werden, und es hat sich herausgestellt, dass positive Emotionen Kreativität, Resilienz und Wohlbefinden stimulieren.

Selbst kleine Erfahrungen mit positiven Emotionen können das schon bewirken. Dabei kann es sich auch um eine Neubewertung handeln, eine Modifikation Ihrer ursprünglichen Vorsätze. Für Suzanne bedeutete das: Statt auf eine Irrigkeit der Diagnose zu hoffen, konnte sie darauf hoffen, genug zu Kräften zu kommen, um eine Stunde lang babyzusitten und für zwei Stunden in ihre Arbeit zurückzukehren. Das machte ihr die Hoffnung greifbarer.

Mit realistischen Zielen vor Augen bat Suzanne ihre Tochter

und ihren Arbeitgeber um Unterstützung bei der Umsetzung. Damit verbesserte sich ihre Stimmung schlagartig. Sie empfand Selbstwirksamkeit, sah einen Weg vor sich und erhielt Unterstützung von ihrem Umfeld für ihre Pläne. Sie bat ihre Ärzte, ihr bei der Bewältigung ihrer Erschöpfung zu helfen, damit sie ihre Ziele erreichen konnte. Das Behandlungsteam nahm einige Veränderungen in ihrer Therapie vor, was ihr genug Kraft gab, um ihre Ziele innerhalb eines Monats zu verwirklichen. Dank dieser Leistung empfand Suzanne echten Stolz und Freude. Nicht nur verbesserte sich ihre Stimmung während dieses Prozesses, das Erreichen dieser Meilensteine war auch ein Grund, mit den Menschen zu feiern, die sie liebten und unterstützten.

Solange sie sich darauf konzentrierte, was sie verloren hatte, hatte sie auch die Hoffnung verloren. Als sie sich darauf konzentrierte, was sie kontrollieren konnte, und ihre unmittelbaren Ressourcen mobilisierte – gedieh sie.

Selbstexploration
Die Wirkung des Denkens auf den Körper

Um den Unterschied zu verstehen, probieren Sie folgendes Experiment aus: Stellen Sie sich vor, Sie hätten eine reife Zitrone vor sich, deren Duft Ihnen in die Nase steigt. Dann stellen Sie sich vor, wie sie mit dem Messer in die Zitrone hineinschneiden, so dass der Duft sich noch verstärkt. Nun stellen Sie sich vor, sie würden einen kräftigen Bissen aus der einen Zitronenhälfte nehmen und das Stück im Mund behalten.

Wenn Sie reagieren wie die meisten Leute, wird Ihr Mund Speichel produzieren – obwohl die Zitrone nur in Ihrer Vorstellung

> existiert. Sie haben also Ihre Körperchemie verändert, indem Sie Ihre Gedanken auf bestimmte Weise fokussierten.

Mit positiven Emotionen eine Aufwärtsspirale auslösen

Das Gegenteil geschieht, wenn wir positive Emotionen wachrufen. In Kapitel 2 haben Sie den Vagotonus kennengelernt und die Idee, dass man eine starke und anhaltende Wirkung auf den Körper ausüben kann, wenn man regelmäßig an jemanden denkt, den man liebt und der einen liebt. Diese Forschung ändert unsere Einstellung zu Gesundheit und Wohlbefinden, denn wir aktivieren durch selbsterzeugte positive Emotionen soziale Verbindungen, die ihrerseits positive Emotionen stimulieren, worauf sich Vagotonus und Gesundheit verbessern. Sie beeinflussen sich gegenseitig in einer sich selbst erhaltenden Aufwärtsspirale.

Und hier setzt die Hoffnung ein. Wenn Sie sich Mühe geben, etwas Positives zu tun, über Ihre Dankbarkeit nachdenken, negatives Denken abfangen oder sich eine bessere Zukunft vorstellen, dann halten Sie die Abwärtsphase an und geben der Aufwärtsspirale eine Chance, zu starten.

Es ist wichtig zu begreifen, dass man sich dafür tatsächlich entscheiden kann. Jeder Augenblick bietet Ihnen die Möglichkeit, Ihre Gedanken von der Negativität wegzubewegen. Sobald Sie dazu in der Lage sind, beginnt eine Aufwärtsspirale, die aus der Verbindung zu anderen und aus zunehmend positiven Emotionen gespeist wird.

Wenn Sie sich dazu durchringen, zu glauben, dass eine Veränderung zum Besseren möglich ist, und wenn Sie den Mut haben, daran zu arbeiten, vergangene Ursachen für Dankbarkeit und Erwartungen für die Zukunft wachzurufen und eine achtsamere Disposition auszubilden, dann beginnt die Aufwärtsspirale von selbst. Wenn Sie sich ein wenig Mühe geben, über die Vergangenheit und Gegenwart anders zu denken, dann kultivieren Sie eine Haltung der Positivität. Dies hilft Ihnen, bessere Vorsätze für die Zukunft zu fassen, was wiederum den Boden dafür bereitet, Pessimismus in Optimismus zu verwandeln.

Die weitreichenden Wirkungen des Optimismus

Wie erklären Sie die Ereignisse, die in Ihrem Leben geschehen? Optimisten übertreiben das Gute und minimieren das Schlechte. Pessimisten tun genau das Gegenteil. Hier haben wir unterschiedliche Voreinstellungen – es werden unterschiedliche Entscheidungen getroffen, wie man die Welt sieht. Jede Art der Weltsicht schafft eine starke Erwartungshaltung der Zukunft gegenüber. Diese Erwartungen sind entweder Ihrem Wohlbefinden förderlich, oder sie schränken Ihr Leben ein. Sie bilden sich heraus, je nachdem wie stark Sie davon überzeugt sind, dass Sie zukünftige Entwicklungen kontrollieren können.

Der Unterschied lässt sich am besten verstehen durch unseren *Erklärungsstil*, das heißt, die Art und Weise, wie wir uns positive oder negative Ereignisse in unserem Leben erklären. Diese Stile werden oft als die drei Ps[3] bezeichnet. Pessimisten nehmen negative Ereignisse folgendermaßen wahr:

* Permanent – wenn etwas Schlimmes geschieht, wird das Gefühl für immer andauern
* Pervasiv – das Ereignis durchdringt alle Lebensbereiche
* Persönlich – wir allein tragen die Schuld

Ein Pessimist reagiert hilflos auf Rückschläge, betrachtet negative Ereignisse als dauerhafte Einschränkungen aller Lebensbereiche und hat das Gefühl, persönlich verantwortlich zu sein – und damit ist die Situation seiner Kontrolle entzogen und lässt sich nicht ändern. Optimisten erklären dasselbe negative Ereignis anders, nämlich weder als dauerhaft noch als alles durchdringend, und nehmen es auch nicht persönlich. Vielmehr sehen sie darin ein temporäres Hindernis, ein isoliertes Geschehen, und sie erkennen es als kontrollierbar. Diese fröhliche Sichtweise ist mehr als ein Scherz – sie kann immun gegen Depression machen sowie Ihre Gesundheit und Leistungsfähigkeit dauerhaft steigern. Es folgen nur einige ausgewählte Resultate, die die Forschung als Folgen optimistischen Denkens identifiziert hat[4]:

* Längeres, glücklicheres Leben
* Weniger Depressionssymptome
* Geringeres Stressniveau
* Gesünderes Herz-Kreislauf-System
* Geringeres Risiko, an Alzheimer zu erkranken
* Größeres Wohlbefinden
* Mehr positive Emotionen
* Größere Resilienz und bessere Bewältigungsstrategien bei Schwierigkeiten
* Größere Produktivität
* Mehr Mitgefühl
* Größere Freundlichkeit
* Weniger negative Gedankengewohnheiten
* Besserer Schlaf

Selbst wenn einem Pessimisten etwas *Gutes* widerfährt, hat er davon nicht die Vorteile aus der obigen Liste. Das liegt daran, dass er positive Ereignisse als zeitlich begrenzt und auf eine bestimmte Situation bezogen begreift und außerdem als etwas, das nichts mit ihm persönlich zu tun hat. An Pessimisten bleibt Gutes nicht hängen, während das Schlechte lange andauert und weitreichende Folgen hat. Dieser Unterschied beeinflusst grundlegend die Erwartungen an die Zukunft.

Schauen wir uns einmal eine Pessimistin an, Kerrie, die bei einer Klausur an der Universität die Bestnote erhält. Sie betrachtet die 1 als einen Zufallstreffer, der nicht wieder vorkommen wird, das Glück ist nicht von Dauer. Die gute Note gab es nur in einem Seminar und in einer Klausur, daher hat sie keine weitreichenden Folgen. Kerrie schreibt sie dem glücklichen Umstand zu, dass sie zufällig genau das richtige Material gelesen hat – mit anderen Worten war das nichts, das sie unter Kontrolle hatte, daher war es für sie auch kein persönlicher Sieg.

Wenn Kerrie aber die Klausur nicht besteht, liegt das daran, dass sie einfach nicht intelligent genug ist (permanent), das wird ihren Notendurchschnitt ruinieren und sie wird nie einen Abschluss bekommen (pervasiv), es beweist, dass sie eine schlechte Studentin ist, und es gibt keine Möglichkeit, sich zu verbessern (persönlich). Die Negativität bleibt ihr erhalten.

Linette, eine Optimistin, bekommt eine 1 und zieht genau die gegenteiligen Schlüsse daraus. Sie rechnet damit, auch weiterhin gute Noten zu bekommen (permanent) und dank der Noten auch eine gute Karriere vor sich zu haben (pervasiv), und sie schreibt das Verdienst sich selbst zu, weil sie sich gut vorbereitet hat (persönlich). Die Positivität bleibt hängen.

Wenn Linette eine Klausur nicht besteht, erklärt sie sich das mit einem vorübergehenden Problem (wie zum Beispiel der Tatsache, dass sie schlecht geschlafen hat), tut es als einmaligen Ausreißer ab (nicht pervasiv) und glaubt, es habe an etwas gelegen, das sie nicht unter Kontrolle hatte (weil im Studierendenheim mitten in der Nacht der Feueralarm losging und sie anschließend nicht mehr einschlafen konnte).

Der Hauptunterschied zwischen Optimisten und Pessimisten zeigt sich darin, welchen Einfluss sie guten und schlechten Ereignissen auf ihre Zukunft zuschreiben. Schon seit den frühesten Anfängen betrachten die Pioniere der Psychiatrie die Hoffnung als essenzielle Lebenszutat, die den Menschen hilft, sich besser zu fühlen. Freud persönlich war der Meinung, dass hauptsächlich »die gläubige und hoffnungsvolle Erwartung«, die seine Patientinnen und Patienten während der Behandlung äußerten, Erfolg oder Misserfolg der Therapie erklärten. Karl Menninger erkannte die Hoffnung als unabdingbares Ingrediens der Heilung und ermunterte praktizierende Psychologen, sie zu untersuchen. In jüngerer Zeit identifizierte Irvin Yalom, der gefeierte Gruppentherapeut und Erfinder der existenziellen Psychotherapie, das Einflößen von Hoffnung als entscheidenden Faktor im Therapieprozess.[5]

Was wollen Sie im Leben erreichen?

Menschen mit großer Zuversicht,[6] einer Geistesverfassung, der wir uns mit unseren Selbstexplorationen angenähert haben, verfügen nachweislich über bessere:[7]

* Psychische Anpassungsfähigkeit
* Akademische Leistungen und Erfolge
* Körperliche Gesundheit
* Sportliche Leistungen

- Bewältigung von Krankheit und Verlusten
- Sozial-emotionale Problemlösung
- Zwischenmenschliche Beziehungen

Rufen Sie sich noch einmal die erste Liste über die Gesundheitseffekte des Optimismus ins Gedächtnis. Zusammengenommen können diese Listen aus Attributen des optimistischen und zuversichtlichen Denkens die Motivation vermitteln, eine Weltsicht zu kultivieren, die Ihnen hilft. Nun, da Sie wissen, dass Ihre vorgefasste Meinung und Erwartung bezüglich der Zukunft tatsächlich das Ergebnis beeinflussen, wollen wir untersuchen, wie wir eine positivere Weltsicht entwickeln können.

Ein besseres Selbst zu werden, verlangt, wie Sie mittlerweile wissen, einiges an Arbeit. Sie haben nun schon Ihre Perspektive verändert, mit der Sie auf die Dinge, auf Ihre Handlungen und Ihre Erinnerungen schauen.

Um nun positive Gefühle regelmäßig zu fördern, können Sie Ihre wohlwollende Seite in Anspruch nehmen und mit ihr in einen Dialog treten, wenn Sie sich an einem negativen Ort befinden. Das wird Ihnen ermöglichen, all Ihre neuen Fähigkeiten zu verinnerlichen, so dass Sie leicht Zugang dazu finden. Ein mitfühlendes, wohlwollendes Selbst ist etwas, das Sie das ganze Leben lang entwickeln und auf den neuesten Stand bringen können. Genauso wie wir Software-Updates auf unseren Computer und Handys herunterladen, können wir uns mit positiven Praktiken selbst updaten, wenn wir neue Methoden lernen, um unsere Zuversicht und Lebenszufriedenheit zu vermehren.

Die Verkörperung eines wohlwollenden Selbst

Mitgefühl mit sich selbst kann Ihnen helfen, Ihre Selbstkritik zu überwinden, die ein tiefsitzender innerer Ausdruck von Pessimismus ist. Sie kennen die Stimme, die Ihnen einflüstert, Sie seien nicht gut genug, Sie hätten es einfach nicht drauf, Sie seien nicht stark genug und so weiter? Das ist negative Autosuggestion, mit der wir uns eingehender in Kapitel 6 befassen werden. Sie wird Arme und Beine bekommen – und die Richtung Ihres Lebens bestimmen –, wenn sie nicht in Frage gestellt wird. Diese Stimme drückt die Grübeleien aus, die Forscher regelmäßig als Basis der Depression ausmachen. Ich nehme an, dass Sie, wenn Sie dieses Buch lesen, schon etwas darüber wissen, was es heißt, sich mit diesen Botschaften herumzuschlagen.

Trotz Selbstkritik, wiederholtem Nacherleben von Misserfolgen und dem Grübeln über persönliche Defizite können Sie eine positive Einstellung sich selbst gegenüber kultivieren. Die Wissenschaftlerin Kristin Neff hat immer wieder darauf hingewiesen, dass unser Wohlbefinden umso größer ist, je höher unser Mitgefühl für uns selbst ausgebildet ist.[8] Neuere Forschungen aus China zeigen, dass die Zuversicht ein wichtiger Faktor ist, der Mitgefühl für sich selbst mit vermehrter Lebenszufriedenheit in Beziehung setzt. Mit anderen Worten: Wenn wir wohlwollend mit uns umgehen, verstärkt sich die Hoffnung – worauf unser Lebensgefühl sich insgesamt verbessert.[9]

Sie können mitten in einem Sturm destruktiver Selbstkritik Mitgefühl mit sich selbst entwickeln und sich damit fördern. Wie? Indem Sie selbst Ihre beste Freundin oder Ihr bester Freund werden. Behandeln Sie sich so, wie eine gute Freundin Sie behandeln würde. Reden Sie freundlich mit sich selbst, reagieren Sie auf Ihren inneren Kritiker mit der liebevollen Aufmerksamkeit, die eine enge Freundin Ihnen widmen würde.

Selbstexploration
Fragen Sie Ihr wohlwollendes Selbst um Rat

Wenn wir anders handeln, fühlen wir auch anders. Für die Entwicklung Ihres Mitgefühls mit sich selbst wollen wir die einfache Methode des Rollentauschs mit einem leeren Stuhl nutzen. Bitte probieren Sie das gleich jetzt aus und halten Sie unmittelbar danach Ihre Reaktionen in Ihrem Tagebuch fest. Manche Leute nehmen diese Sitzungen auch mit ihrem Handy auf.

Stellen Sie zwei Stühle einander gegenüber. Sie können gleich oder unterschiedlich sein und so dicht oder weit auseinanderstehen, wie Sie möchten. Der eine Stuhl ist der Platz Ihres negativen Selbst, und auf dem anderen Stuhl sitzt Ihr innerer Freund.

Schritt 1: Setzen Sie sich auf den negativen Stuhl und sprechen Sie – laut – einige der negativen oder selbstkritischen Gedanken aus, die Ihnen regelmäßig durch den Kopf gehen oder früher durch den Kopf gegangen sind. Im Stuhl gegenüber sitzt Ihr wohlwollendes Ich und beobachtet Sie liebevoll. Stellen Sie sich vor, dass dieser freundliche Anteil von Ihnen nur Ihr Bestes will und mitfühlend zuhört. Wie ein guter Freund kann das mitfühlende Selbst Fragen stellen oder Bemerkungen machen.

Schritt 2: Wenn Sie bereit sind, die Rollen zu tauschen und Ihre mitfühlende Seite reden zu lassen, stehen Sie auf, wechseln den Stuhl und sprechen in der neuen Rolle. Ihr freundliches Selbst will vielleicht wissen, warum Sie ein bestimmtes Gefühl haben, oder es möchte mehr über etwas hören, das Ihr negatives Selbst geäußert hat.

Schritt 3: Wechseln Sie die Rollen – und Stühle –, so oft Sie es für nötig halten. Beginnen und enden Sie immer im Stuhl Ihres negativen Selbst. Anschließend notieren Sie unbedingt in Ihrem Tagebuch, was Sie von Ihrem Dialog und Ihren Reaktionen behalten haben.

Anmerkung: Wenn Ihre Mobilität eingeschränkt ist, können Sie zwar einen leeren Stuhl gegenüber benutzen und sich die Antwort vorstellen, aber den größten Nutzen haben Sie, wenn Sie irgendwie körperlich die Position wechseln. Rollstuhlfahrer*innen können leere Stühle gegenüberstellen und dann neben sie rollen – hin und her –, um den Dialog durchzuführen. Das körperliche Hin und Her erleichtert den Prozess.

Ich führe diese Diskussionen mit meinem wohlwollenden Selbst zwei oder drei Mal pro Woche, und ich bin immer noch verblüfft, welche Klugheit, Einsicht, welches Verständnis und tiefes Mitgefühl dieser Teil meines Selbst für meinen Schmerz hat. Im Lauf der Jahre habe ich erlebt, wie Studierende viel resilienter werden und Vertrauen zu ihrem negativen Anteil aufbauen, während ihr Selbstmitgefühl sich entwickelt.

Die Menschen beschreiben diesen Prozess auf mannigfaltige Weise, aber ein Bild, das immer wieder auftaucht, ist die Mutter, die ihr zappelndes Kleinkind im Arm hält. Die Mutter hält das Kind so lange, bis es sich selbst trösten und regulieren kann. Bei dieser Übung lernen Sie, sich mit der gleichen Liebe in den Arm zu nehmen.

Sie können diesen Dialog zwar bloß in Ihrem Kopf ablaufen lassen, aber ich finde die Wirkung wesentlich stärker, wenn man sich der Technik des Rollentauschs bedient und die gegensätzlichen Seiten seiner Persönlichkeit tatsächlich spielt. Die starke Wirkung, die daraus erwächst, wird als *embodied cognition* (verkörperte Kognition) bezeichnet – eine Methode, das eigene Denken durch Handeln zu verändern.[10]

Wir wollen uns ansehen, wie das funktioniert, und Ihnen vielleicht ein paar Ideen vermitteln, wie Sie die *embodied cognition* noch nutzen können. Es gibt eine Studie, die sich damit beschäftigt, was geschieht, wenn wir den Gebrauch unserer Gesichtsmuskeln verändern. Die Forscher fanden heraus, dass Leute, die einen Bleistift zwischen den Zähnen festhielten – längs, so dass ein Lächeln simuliert wurde –, positive Sätze schneller verstanden als negative. Wenn die Stirnrunzelmuskeln aktiviert wurden, indem die Proband*innen den Bleistift nur mit den Lippen festhielten, trat der umgekehrte Effekt ein.[11]

In einer anderen Studie, die von dem »Als ob«-Prinzip[12] angeregt war, bat die Studienleiterin Sara Snodgrass die Probandinnen und Probanden, einen dreiminütigen Spaziergang auf unterschiedliche Weise zu machen. Die eine Hälfte der Gruppe machte große Schritte, schwenkte die Arme und hielt den Kopf hoch erhoben. Die andere Hälfte machte kurze Schritte, schlurfte dahin und blickte auf den Boden. Die Leute, die lange Schritte gemacht hatten, bezeichneten sich anschließend als signifikant besser gelaunt als die Schlurfenden.

Die *embodied cognition* betrachtet das Ausagieren als neue Wahrnehmungsmöglichkeit. Die Forschungsergebnisse zeigen, dass unsere Handlungen unsere Gedanken und Gefühle beeinflussen können, so dass unsere Fähigkeit, uns zu ändern, keine Einbahnstraße mehr ist. Ein solcher Typus von Beziehung ist bidirektional.

Dies bedeutet, dass wir unsere Wahrnehmung einer Situation verändern können – und durch die Veränderung unserer Überzeugung verändern wir auch unser Handeln.

Andererseits kann eine Veränderung unseres Handelns auch eine Veränderung unserer Überzeugungen bewirken. In der Studie von 1981, die dem Buch *Counterclockwise* (»Die Uhr zurückdrehen?«) zugrunde liegt, führte die Harvard-Psychologin Ellen Langer dieses Konzept noch einen Schritt weiter, indem sie eine »Zeitmaschine« konstruierte.[13] Sie brachte acht Männer, die in ihren Siebzigern waren, in ein ehemaliges Kloster in New Hampshire, das so eingerichtet worden war, als befände man sich im Jahr 1959: Ed Sullivan im Schwarz-Weiß-Fernsehen, Perry Como im Radio und Bücher und Zeitschriften aus den 1950er-Jahren. Die alten Herren – alle gebeugt, mit Arthritis und Gehstöcken – verbrachten dort fünf Tage mit der Auflage, tatsächlich die Person zu sein, die sie 1959 gewesen waren. Ihre körperliche Geschicklichkeit, Greifkraft, Flexibilität, ihr Gehör, ihre Sehfähigkeit und Kognition wurden vor Beginn des Experiments gemessen.

Sie wurden behandelt, als seien sie jünger – zum Beispiel mussten sie ihr Gepäck selbst die Treppe hinauftragen. Um noch den Faktor der Erwartung hinzuzufügen, erklärte Langer den Männern: »Wir sind aus guten Gründen davon überzeugt, dass Sie sich, wenn Sie sich erfolgreich einleben, wie damals im Jahr 1959 fühlen werden.«

Es funktionierte tatsächlich. Nach fünf Tagen wurden die Männer erneut getestet und mit einer Kontrollgruppe verglichen, die auch Zeit in dem Kloster verbracht hatte, aber nur in Erinnerungen schwelgen sollte, statt sich zu verhalten, als wäre tatsächlich das Jahr 1959. Nach nur fünf Tagen waren die Männer aus der Zeitmaschine beweglicher, manuell geschickter, sie saßen aufrechter und konnten besser sehen. Unabhängige Juroren bemerkten sogar, sie sähen jünger aus.

Wenn man sich auf spezifische Weise verhält, verändert man sein Wesen. Hier folgen zehn gut erforschte Methoden, wie *embodied cognition* im täglichen Leben angewendet werden kann, um Gedanken und Gefühle zu verändern.

1. **Lächeln Sie.** Ob Sie es glauben oder nicht, es ist wirklich so einfach. Studien haben nachgewiesen, dass man sich tatsächlich besser fühlt, wenn man seine Gesichtsmuskeln in einer Weise anspannt, die ein Lächeln hervorruft.[14] Versuchen Sie es. Die ersten Male fühlt es sich seltsam an, aber das Ergebnis folgt auf dem Fuß, und negatives Denken wird anscheinend unmittelbar kurzgeschlossen.
2. **Spannen Sie Ihre Muskeln an.** Muskuläre Anspannung verstärkt die Willenskraft.[15] Es ist erwiesen, dass man leichter mit Schmerzen umgehen, übermäßiges Essen vermeiden und sich besser konzentrieren kann, wenn man die Hand zur Faust ballt oder einen Stift fest packt.
3. **Benutzen Sie Ihre nicht dominante Hand.** Leute, die abnehmen wollen, hatten größeren Erfolg, wenn sie mit der nichtdominanten Hand aßen, weil sie das zu größerer Achtsamkeit zwang. Wenn wir bewusst alte Gewohnheiten brechen, können wir bessere Entscheidungen fällen.[16]
4. **Fangen Sie klein an.** Wir werden in Kapitel 6 ausführlicher über Mikroziele sprechen, aber nehmen Sie fürs Erste größere Aufgaben in Angriff (den Keller aufräumen, einen Bericht verfassen, die Rechnungen bezahlen etc.), indem Sie ihnen nur wenige Minuten widmen. Das verwandelt die Gewohnheit des Prokrastinierens. Statt etwas Unangenehmes aufzuschieben, verkürzt man die Zeit, die man damit verbringt, so stark, dass man sich einreden kann, man habe Interesse an der entsprechenden Tätigkeit.[17]

5. **Setzen Sie sich aufrecht hin und verschränken Sie die Arme.** Studien haben nachgewiesen, dass man hartnäckiger wird, wenn man seine Haltung verändert und die Arme kreuzt.[18] Wenn Studienteilnehmer*innen sich bei schwierigen Aufgaben so verhielten, blieben sie doppelt so lange bei der Sache wie diejenigen, die diese Haltung nicht einnahmen.
6. **Power-Gang und Power-Pose.** Vielleicht habe Sie schon von Sara Snodgrass' Power-Gehen gehört, das das Selbstwertgefühl steigert, aber in jüngster Zeit haben 55 Studien bestätigt, dass das Einnehmen einer Power-Pose (denken Sie an *Wonder Woman*), wie sie von der Harvard-Forscherin Amy Cuddy populär gemacht wurde, Ihr Selbstwertgefühl und Selbstvertrauen steigern kann.[19] Wie wir unseren Körper halten, hat tatsächlich eine Wirkung auf unseren Geist.
7. **Sitzen Sie weich.** Studien des Massachusetts Institute of Technology (MIT) legen nahe, dass Menschen, die auf harten Stühlen sitzen, während sie Verhandlungen führen, unflexibler sind als Menschen in weichen Sesseln.[20] In einem bequemen Umfeld laufen Verhandlungen besser.
8. **Waschen Sie sich die Hände.** Bei der Untersuchung des sogenannten »Macbeth-Effekts« fanden Forscher heraus, dass man seine Sünden abwaschen kann.[21] Ob Sie es glauben oder nicht, Menschen, die etwas Unmoralisches getan haben, fühlen sich wirklich weniger schuldig, wenn sie sich anschließend ihre Hände reinigen.
9. **Nicken Sie sich selbst zu.** Wenn man nickt, während etwas gesagt wird, bedeutet das, dass man mit hoher Wahrscheinlichkeit zustimmt. Wenn Sie Ihr Nicken achtsam wahrnehmen, kann Ihnen das helfen herauszufinden, ob Sie sich unmerklich etwas einreden wollen;[22] dadurch gewinnen Sie den Raum, um zu entscheiden, ob Sie das wirklich wollen. Als Kehrseite der

Medaille können Sie kaum merklich nicken, wenn Sie versuchen, jemanden von etwas zu überzeugen, denn das erhöht die Chance, dass die Person sich Ihrer Meinung anschließt.
10. **Seien Sie freundlich.** Freundlichkeit ist eine der einfachsten Methoden, sich am eigenen Schopf aus dem Sumpf der Niedergeschlagenheit zu ziehen. Wenn Sie zu jemandem freundlich sind, verlassen Sie Ihre eigene Gedankenwelt. Die Studien über Freundlichkeit weisen nach, dass sie ein Kraftwerk der Positivität ist.[23] Durch den Prozess der *Elevation* fühlen nicht nur wir und die betroffene Person uns besser, wenn wir ihr etwas zuliebe tun, sondern es vermittelt auch unbeteiligten Zeugen ein gutes Gefühl. Wenn wir uns freundlich verhalten, dann wandelt sich unser Selbstgefühl ebenso wie die Reaktion anderer auf uns.

Dieses Kapitel behandelt viele Themen, die für die Entwicklung von Zuversicht eine wichtige Rolle spielen. Zu Beginn haben wir uns mit der Biochemie verschiedener Emotionen beschäftigt. Wir haben erfahren, dass wir mit der Entscheidung für kleine Schritte so viel Positivität stimulieren, dass eine Aufwärtsspirale in Gang kommt. Die Kontrolle über unsere Situation zu übernehmen, macht den grundlegenden Unterschied zwischen Optimismus und Pessimismus aus. Wenn wir unseren Glauben verändern, jede Situation sei permanent, alles beherrschend und unsere persönliche Schuld, werden wir optimistischer – und die Zuversicht wächst, wenn wir überzeugt sind, dass wir zukünftige Resultate beeinflussen können. Die Übung, mit der wir das Mitgefühl mit uns selbst fördern, hilft uns, destruktive Selbstkritik, den tiefinnerlichen Ausdruck von Pessimismus, zu überwinden und ist eine Einführung in die *embodied cognition* – eine Methode, das Denken durch Handeln zu verändern.

Im nächsten Kapitel werden wir uns mit Forschungsergebnissen beschäftigen, die Hoffnung als Charakterstärke identifiziert haben, die absolut notwendig ist, um Schwierigkeiten überwinden zu können.

»*Die Umstände bestimmen
mich nicht, sie enthüllen mich.*«

William James

KAPITEL 5

Den Fokus auf die eigenen Stärken legen

Darlene kam im Rollstuhl in meine Praxis. Sie war schwerbehindert und sehr stolz auf ihre Fähigkeit, selbstständig mobil zu sein. Im Lauf der Jahre war sie sehr beweglich geworden. Sie genoss ihre Unabhängigkeit und Vitalität. Ihnen verdankte sie ihren Stolz und ihr Wohlbefinden.

Eines Tages gab es vor der Tür einen Streit. Anne, die Briefträgerin, sah Darlene, ließ, ohne zu fragen, ihre Tasche fallen und begann, Darlene die flache Rampe hinaufzuschieben, die zu meiner Tür führt. Darlene sagte ein paarmal »Das ist nicht nötig«, dann sagte sie sogar, sie möchte lieber selbst fahren. Anne beharrte auf ihrer Meinung, Darlene benötige Hilfe, und das führte zu Schwierigkeiten. Darlene zog die Bremsen an und sagte dann unverblümt: »Ich will überhaupt nicht, dass Sie mir helfen. Es ist nett, dass Sie mir einen Gefallen tun wollen – aber das wollen eben *Sie*. *Ich* will das alleine machen.«

Anne war bestürzt.

»Wenn Sie mir gegen meinen Willen helfen, dann ist das übergriffig«, fuhr Darlene fort. »Wenn Sie jemandem helfen wollen, müssen Sie zuerst fragen. Dann wird die betreffende Person Ihnen schon Bescheid geben.«

Anne meinte, sie habe doch nur helfen wollen. Darlene erklärte, sie hätten eben unterschiedliche Ansichten darüber, was hilfreich sei. Anne entschuldigte sich, und Darlene gelangte schließlich in meine Praxis.

Es stellte sich heraus, dass sich die Zeitpläne der beiden Frauen öfters überschnitten, so dass sie sich regelmäßig begegneten. Sie entwickelten eine Haltung des gegenseitigen Respekts, was sich unter anderem darin äußerte, dass Anne gelegentlich fragte, ob sie Darlene die Tür aufhalten dürfe, was Darlene dann und wann zuließ, während Anne es respektierte, wenn Darlene es selber machen wollte.

Diese Begegnung zeigt, wie eine gute Eigenschaft im Übermaß eingesetzt werden und anschließend korrigiert werden kann. Eine deutliche Stärke in Annes Charakter war ihre Hilfsbereitschaft. Ihr spontaner Einsatz, um Darlene zu helfen, war authentisch. Sie sah jemanden, der ihrer Meinung nach bedürftig war, und wurde aktiv. Dummerweise entsprach ihre Hilfsbereitschaft nicht der Situation. Weder brauchte Darlene sie, noch wollte sie sie.

Wenn eine Stärke im Übermaß oder zu wenig eingesetzt wird, kann das zwischenmenschliche Probleme auslösen und das Wohlbefinden empfindlich stören. Nur wenn sie in der richtigen Dosis unter den richtigen Umständen eingesetzt wird, kann sie ihren Wert entfalten. Anne nahm bescheiden Darlenes Meinung zur Kenntnis und zeigte dadurch, dass sie die Beziehung gerne verbessern wollte. Darlene äußerte klipp und klar ihre Bedürfnisse, was ihre Tapferkeit, Beharrlichkeit und Integrität verriet. Anschließend konnte sie Anne verzeihen – und damit der Beziehung die Möglichkeit geben, sich zu entwickeln.

Schöpfen Sie Ihr angeborenes Potenzial aus

Charakterstärken – einschließlich der Zuversicht – sind kostenlose Kraftquellen, die jederzeit verfügbar, universal, kreativ und von Natur aus vorhanden sind. Sie sind immer da, aber oft sind sie verschüttet und warten darauf, aktiviert zu werden. Wie Sie in Kürze erfahren werden, gibt es insgesamt vierundzwanzig davon – jede mit ganz eigenen Vorzügen. Sie helfen Ihnen, sich dem nächsten Tag, der nächsten Stunde oder dem nächsten Augenblick zu stellen, selbst wenn Sie sich eigentlich wünschen, dass Sie es nicht müssten.

Unsere Charakterstärken sind ein entscheidender Teil des Menschseins und der Kern unserer Überlebensfähigkeit und unseres Wachstums. Deshalb ist es notwendig, sie zu identifizieren und zu fördern. Wenn wir sie nicht benutzen, verkümmern wir, mit ihnen hingegen haben wir die Möglichkeit zu blühen. Man muss nur wissen, dass diese Stärken vorhanden sind, und darauf warten, dass etwas sie hervorlockt und sie uns zugänglicher macht. Das zeigt sich deutlich bei Katastrophen wie Erdbeben, Hurrikans, Minenunglücken oder Flugzeugabstürzen.

Ein gutes Beispiel ist der Absturz eines Charterflugzeugs in den Anden, das 1972 ein Rugby-Team von Uruguay nach Chile bringen sollte.[1] Von den 45 Passagieren überlebten 28 den Absturz. Nach zehn Tagen wurden die Rettungsversuche abgebrochen. In Schnee und bitterer Kälte in den hochgelegenen Anden hatten die Überlebenden weder Essen, Wärme noch Wetterschutz. Sie hörten die Nachricht vom Abbruch der Rettungsaktion in einem Transistorradio. Ihre Lage war hoffnungslos.

Zehn Wochen später – nach 72 verzweiflungsvollen Tagen auf dem Berg – wurden sechzehn Männer gerettet. In einem der dramatischsten Beispiele menschlicher Resilienz setzten diese Männer instinktiv ihre gesammelte kreative Intelligenz ein, um zu überleben. Ihre Geschichte machte auf der ganzen Welt Schlagzeilen, denn sie vermittelte eine Menge über die Leistungsfähigkeit des menschlichen Geistes.

Besonders lehrreich an diesem Unglück ist, dass die Rettung der Männer nicht erfolgte, weil sie sich einfach nur am Leben hielten und passiv darauf warteten, dass etwas passierte. Sie setzten sich nicht einfach nur in den dunklen, eiskalten Flugzeugrumpf und verharrten. Sie wurden durch ihre Resilienz und ihre Charakterstärken gerettet.

Die Charaktereigenschaften, die diese Gruppe an den Tag legte, verdeutlichen sowohl den Überlebensinstinkt als auch das Potenzial, das in jedem von uns angelegt ist. Es wird sowohl persönlich als auch kollektiv aktiviert, was bedeutet, dass es zu unserer DNA gehört: Unser Gehirn ist auf den Überlebenskampf eingestellt. Aber auch unsere Entwicklung ist in unserem Gehirn fest angelegt. Ebenso wie die Kabel, die Elektrizität transportieren, transportieren unsere DNA-Kabel eine Form von Energie. Diese Energie pulsiert durch unsere Lebensfasern, treibt unser innerstes Wesen und unsere Kreativität an, um zu überleben.

So wie man Zugang zu elektrischem Strom bekommt, indem man den Stecker in eine Steckdose steckt oder eine Batterie anschließt, so können wir diese Kraft für spezifische Bedürfnisse nutzbar machen. Strom kann eine Lampe, einen Toaster, einen Fernsehapparat oder einen Computer anschalten, während ein innerer Schalter in uns ein enormes Kraftreservoir in Gang setzen kann. Trotz unübersteigbarer Widrigkeiten und wiederholter Misserfolge machte anscheinend nur ein einziger Faktor den Unterschied für die Überlebenden des Absturzes aus: die *feste Überzeugung*, dass Rettung möglich war. Wie Henry Ford sagte:»Ob Sie denken, Sie schaffen es, oder denken, Sie schaffen es nicht – Sie haben in jedem Fall Recht.«

Das Rugby-Team führte vor, dass lebensnotwendige Charakterstärken wie Zuversicht und Durchhaltevermögen in einer Notsituation abgerufen werden können – als hätten die Überlebenden den Hoffnungsschalter umgelegt. Auch in diesem Moment ruht dasselbe Potenzial in uns allen. Unsere Charakterstärken warten nur darauf, abgerufen zu werden. Die Frage ist, wie wir an sie herankommen, wenn wir uns gerade *nicht* in einer Krise befinden.

Charakterstärken, die verborgenen Superkräfte

Die traditionelle Psychologie konzentrierte sich auf Intelligenz und Geschicklichkeit als Maß des Erfolgs. Ein hoher IQ und gut entwickelte Fähigkeiten galten als beste Voraussage für Leistungsfähigkeit. Inzwischen hat sich aber herausgestellt, dass sich der Erfolg im Leben doppelt so gut danach voraussagen lässt, wie effektiv wir unseren Charakter nutzen.

Eine Verkäuferin, die beharrlich ist und ihre soziale Intelligenz einsetzt, hat mehr Erfolg als eine Person, die über das Produkt besser Bescheid weiß. Der beliebteste Lehrer ist oft der, der Humor und Begeisterung ausstrahlt, unter Umständen aber schlechtere Noten im Staatsexamen bekommen hat als seine Kolleg*innen. Das gilt sogar für Menschen, von denen wir annehmen, dass sie mit einer besonderen Gabe geboren wurden. Der Comedian Steve Martin sagte über seine Karriere: »Zum Glück ist Beharrlichkeit ein toller Ersatz für Talent.«

In den letzten fünfzehn Jahren hat ein wachsendes Verständnis für Charakterstärken und deren Nutzung großen Einfluss auf die Bereiche Bildung, Wirtschaft, Therapie, Coaching und sogar auf die Regierung und das Militär gewonnen. Charakterstärken sind zum Flaggschiff der Positiven Psychologie geworden, denn sie beeinflussen fast jedes Gebiet menschlicher Funktionen. Die Forschung weist zunehmend nach, dass wir diese Stärken nicht nur zum Überleben brauchen, sondern auch zur positiven Entwicklung. Sie repräsentieren ein enormes inneres Potenzial.

Aber was setzt sie in Bewegung? Brauchen wir eine Katastrophe, um sie zu wecken? Oder sind sie uns schon eingepflanzt, und wir müssen sie nur nähren?

An der University of Pennsylvania hat das *Penn Resilience Program* (PRP) mit über 150 000 Kindern aus Grund- und weiterführenden Schulen gearbeitet, um ihre Resilienz und Charakterstärke zu entwickeln.[2] Sie helfen den Schüler*innen, ihre Selbstwahrnehmung, Selbstregulierung, geistige Beweglichkeit und Anschlussfähigkeit sowie ihren Optimismus zu verstärken, während sie ihnen gleichzeitig vermitteln, was ihre hauptsächlichen Charakterstärken sind und wie sie diese nutzen können. Die Ergebnisse zeigen, dass die Schüler*innen sich verändern, wenn sie sich diese Fähigkeiten zu eigen machen. Nicht nur werden Verhaltensstörungen vermindert und Depression, Angst und Hoffnungslosigkeit bekämpft, die geistige Gesundheit, das Wohlbefinden und die Lebenszufriedenheit werden deutlich gesteigert. Die PRP-Forschungsergebnisse sind so überzeugend, dass sie als Grundlage für ein Programm des weltgrößten Nutzers der Positiven Psychologie herangezogen wurden: der US-Armee.

Schon seit 2009 arbeitet die amerikanische Armee mit dem Zentrum für Positive Psychologie an der University of Pennsylvania zusammen, um ein Programm zu entwickeln, das sich *Master Resilience Training* (MRT) nennt.[3] Dieses Trainer-Fortbildungsprogramm hat über 55 000 Soldat*innen durch das *Comprehensive Soldier and Family Fitness Program* ausgebildet. Da mehr als 1,1 Millionen Soldat*innen unterrichtet werden, ist dies die größte psychologische Studie weltweit. Von den Personen, die den MRT-Kurs bereits absolviert haben, fanden ihn 90 Prozent hilfreich oder sogar sehr hilfreich.

Das Ziel von MRT ist es, die schädlichen seelischen Folgen von Kampfhandlungen für Soldat*innen und Veteran*innen zu vermindern oder zu unterbinden. Das ursprüngliche Programm beim PRP war nur für Depressionen ausgelegt; das MRT hat diesem Ziel noch die Verhinderung der posttraumatischen Belastungsstörung (PTBS) und die Steigerung des Wohlbefindens hinzugefügt. Das Herzstück dieses Programms ist der Umgang mit negativem Denken und die Entwicklung des eigenen Charakters – genau das Thema des vorliegenden Buchs. Mit einer Depression umzugehen ist eine besondere Art des Kampfs, und viele Prinzipien, die den Soldat*innen geholfen haben, werden hier in abgewandelter Form wiedergegeben.

Im nächsten Kapitel werden wir uns mit geistiger Beweglichkeit beschäftigen und wie wir mit Denkfallen umgehen – eine Komponente des MRT, die die Teilnehmer*innen besonders nützlich fanden.

Ein Handbuch zur Feststellung unserer Qualitäten

Ihre Niedergeschlagenheit oder Depression war nicht immer da. Es gab andere, bessere Phasen in Ihrem Leben, vielleicht sogar wirklich tolle Momente – und jetzt sind sie verschwunden. Häufig ist es ein Verlust, der eine Depression auslöst oder die Ängste, die zur Depression führen. Um zu verstehen, was geschieht, wenn wir uns nach einem Verlust hilflos fühlen, müssen wir erst verstehen, was geschieht, wenn wir Erfüllung erleben.

Anstatt Depression als chemisches Ungleichgewicht zu verstehen, das es zu überwinden gilt, oder als Stimmungsstörung, die man meistern muss – wie wäre es, stattdessen die Ursache darin zu suchen, dass wir es nicht schaffen, unsere Stärken zu nutzen? Vielleicht fühlen wir uns nur blockiert in unserem Bemühen, das zu sein, was wir eigentlich sind?

Character Strengths and Virtues: A Handbook and Classification (Charakterstärken und Tugenden: Ein Handbuch zur Klassifikation) von Chris Peterson und Martin E. P. Seligman[4] bietet ein Kompendium dessen, was gute menschliche Eigenschaften sind. Es wurde als bewusstes Gegenstück zum *Diagnostic and Statistical Manual* (Diagnostisches und statistisches Manual)[5] geschrieben, einem Leitfaden für Psychiater, mit dessen Hilfe man mentale Probleme identifizieren und diagnostizieren kann, und der aufzählt, was bei Menschen möglicherweise nicht in Ordnung ist. Petersons und Seligmans Werk löste eine Revolution in der Erforschung von Charakterstärken aus.

Bis jetzt haben über acht Millionen Menschen in nahezu zweihundert Ländern online einen Fragebogen zu Charakterstärken ausgefüllt, der sich schnell zum einschlägigen Werkzeug für die persönliche Entwicklung gemausert hat. Dieses Instrument ist besonders wertvoll, weil es auf der Basis von Tugenden und Charaktereigenschaften entwickelt wurde, die auf der ganzen Welt und in allen bekannten Kulturen wertgeschätzt werden. Eine zusammenfassende Beschreibung auf der Webseite des *VIA Institute on Charakter*[6] lautet: »Die meisten Persönlichkeitstests beschäftigen sich mit negativen oder neutralen Eigenschaften, aber die VIA-Umfrage konzentriert sich auf Ihre besten Eigenschaften.«

Selbstexploration

Die Identifikation der eigenen Charakterstärken

Ich rate Ihnen, diesen kostenlosen Test zu machen; suchen Sie einfach online nach *VIA charakter strength survey*. Sie tragen damit bei zu einer Datensammlung, die hilft, unseren Zugang zu unserem Wohlergehen zu verbessern. Bitte tun Sie dies, bevor Sie weiterlesen, denn es wird Ihnen helfen, das Material in den folgenden Kapiteln zu verstehen und zu benutzen. Zählen Sie in

Ihrem Tagebuch in ansteigender Reihenfolge Ihre fünf größten Stärken auf und notieren Sie bei jeder, wann und wie Sie sie zuletzt eingesetzt haben.

Wir können warm von kalt unterscheiden, hell von dunkel, froh von traurig. Diese Gegensätze muss man verstehen, wenn man sich zwischen ihnen bewegen will. Wir müssen wissen, was uns warm, hell und froh macht, damit wir diese Bedingungen aufsuchen oder herstellen können, wenn wir sie brauchen. Charakterstärken funktionieren am besten, wenn sie auf die jeweilige Situation abgestimmt sind. Um Ihre Stärken optimal zu nutzen, müssen Sie sie den Umständen anpassen.

Selbstexploration

Ihre Stärken in Aktion

Wir wollen uns eine Zeit in Ihrem Leben anschauen, als Sie noch nicht niedergeschlagen waren, als es Ihre Depression noch nicht gab oder als sie mindestens weniger vorherrschte als jetzt. Vermutlich war das eine Zeit, als in Ihrem Leben Ihre Charakterstärken optimal funktionierten. Für diese Aufgabe brauchen Sie Ihr Tagebuch.

Schritt 1: Denken Sie an eine Zeit, als alles so gut lief wie nur möglich. Dieser Gipfelpunkt Ihres Lebens war vielleicht nur von kurzer Dauer, oder er füllte eine ganze Phase Ihres Lebens aus. Er ragt vermutlich hervor als ein Zeitraum, in dem alles, was geschah, stimmig wirkte oder auch das Gefühl von »Flow« vermittelte. Ihr Leben schien damals mit dem Universum auf gleicher

Wellenlänge zu sein. Sie fühlten sich gut und alle »Mühe war mühelos« – *wu wei* im Taoismus –, die Dinge gingen Ihnen wie selbstverständlich von der Hand, ohne dass Sie sich anstrengen mussten. Versuchen Sie, sich an so viele Einzelheiten dieser Erfahrung zu erinnern wie möglich.

Es kann mühsam sein, sich an diese Zeiten zu erinnern, wenn man gerade eher niedergeschlagen ist, aber wenn man sich damit befasst, wird das ein Licht darauf werfen, wie unser Wohlbefinden funktioniert. Behalten Sie diese Erinnerung im Kopf, während Sie die Einzelheiten aufschreiben.

Schritt 2: Schauen Sie sich die untenstehende Liste von Charakterstärken und Tugenden an. Sie sehen die sechs Tugenden fett gedruckt, gefolgt von den Charakterstärken, die sich damit verbinden. Schreiben Sie bei der Erinnerung an diesen Gipfelpunkt Ihres Lebens die fünf oder sechs Stärken in Ihr Tagebuch, die in Ihrem Verhalten damals die größte Rolle spielten.

1. **Weisheit und Klugheit:** Kreativität oder Innovation, Neugier, Aufgeschlossenheit, Lernbegier, Augenmaß
2. **Mut:** Tapferkeit, Beharrlichkeit, Integrität, Vitalität, Schwung
3. **Menschlichkeit:** Liebe, Hilfsbereitschaft, soziale Intelligenz
4. **Gerechtigkeit:** Bürgersinn, Fairness, Führungsqualitäten
5. **Mäßigkeit:** Vergebung und Erbarmen, Demut, Vorsicht, Selbstbeherrschung
6. **Transzendenz:** Sinn für Schönheit und Qualität, Dankbarkeit, Hoffnung, Humor, Spiritualität[7]

Schritt 3: Denken Sie über diese Stärken nach. Denken Sie schriftlich darüber nach, wie Ihre wichtigsten Stärken zusammenwirkten, um Ihre Gipfelerfahrung oder das berauschend positive Ereignis zu ermöglichen. Es mag damals so erschienen sein, als führten glückliche äußere Umstände dazu, dass sich alles so gut fügte, aber betrachten Sie die Sache jetzt aus dieser neuen Perspektive. Wahrscheinlicher ist, dass Ihre positiven Gefühle und Erfahrungen daraus resultierten, dass Sie Ihre inneren Stärken zur Geltung brachten.

Die Forschung zeigt, dass Menschen, die regelmäßig Ihre größten Stärken einsetzen, einen Flow-Zustand erreichen und daher von größerem Wohlbefinden, besserer Gesundheit und Leistungsfähigkeit und geringeren psychischen Problemen berichten. Sie haben gerade eine Liste Ihrer Stärken erstellt, die Ihnen einen Lebenshöhepunkt beschert haben, als Sie sie kombinierten. Erkennen Sie, dass der Einsatz Ihrer Charakterstärken ein Tor zu einem besseren Leben ist?

Der Einsatz unserer spezifischen Stärken, etwa der ersten fünf, die die Essenz unserer Persönlichkeit ausmachen, ist direkt verbunden mit unserem Wohlbefinden. Menschen, die erkennen, was ihre Stärken sind und wie sie sie einsetzen können, haben sogar eine dreifach erhöhte Chance auf eine hohe Lebensqualität und haben mit sechsfacher Wahrscheinlichkeit Freude an ihrer Arbeit.[8] Wenn Sie sich schon eine Weile depressiv und teilnahmslos fühlen, könnte die Besinnung auf Ihre Charakterstärken und deren Inanspruchnahme eine der direktesten und nachhaltigsten Methoden sein, diesen Zustand zu verbessern. Die neuere Forschung legt nahe, dass wir am meisten leiden, wenn unsere Stärken brachliegen.[9] Stellen Sie sich also vor, Sie wären nicht in der Lage, sie zu nutzen.

Selbstexploration
Aller Charakterstärken beraubt

Um zu erfahren, wie das funktioniert, wollen wir in der Vorstellung etwas wegnehmen, das in Ihrem Leben immer funktioniert hat. Machen Sie sich keine Sorgen, Sie bekommen die guten Dinge gleich zurück, aber zuerst möchte ich Sie mit einem bösen Zauberer bekannt machen.

Schritt 1: Schauen Sie sich die Liste der Stärken an, die Sie in der besten Phase Ihres Lebens genutzt haben. Versuchen Sie sich zu erinnern, wie es sich anfühlte, als Sie mit voller Kraft unterwegs waren.

Schritt 2: Jetzt stellen Sie sich vor, ich sei ein böser Zauberer geworden, der die Macht hat, Ihnen diese Stärken zu nehmen: vielleicht Ihre Liebe, Ihren Mut oder Ihre Hilfsbereitschaft und Kreativität. Welche Stärken Sie auch immer während Ihrer glücklichen Lebensphase eingesetzt haben, jetzt sind sie Ihnen vollkommen unzugänglich. Stellen Sie sich vor, ich könnte Sie einen ganzen Monat lang daran hindern, auf diese Hauptstärken zurückzugreifen. Schreiben Sie die daraus folgenden Empfindungen in Ihr Tagebuch. Machen Sie die Liste so lang wie möglich.

Bei Workshops fordere ich die Teilnehmer*innen auf, laut Wörter zu schreien, die ausdrücken, wie sie sich ohne die Stärken fühlen würden, die ihnen ihre schönste Erfahrung beschert haben. Einige der Worte, die häufig gerufen werden, sind: *verloren*, *leer*, *hilflos*, *erschöpft*, *verärgert*, *traurig*, *hoffnungslos*, *wertlos*, *tot*, *unglücklich*, *sorgenvoll*, *elend*, *öde* und *isoliert*. Aber ein Wort, das

> fast immer wie aus der Pistole geschossen kommt, ist *deprimiert*.
> War das auch auf Ihrer Liste?

Wenn wir unsere Stärken nicht optimal nutzen können, verzweifeln wir. So einfach ist das. Neuere Forschungen gehen davon aus, dass die Unfähigkeit, die wichtigsten Stärken zu nutzen, unserem Wohlbefinden und unserer geistigen Gesundheit sehr abträglich ist; damit werden wir uns noch eingehender beschäftigen. Könnte das die Quelle der Depression sein? William James, der »Vater der amerikanischen Psychologie«, drückte dies aus, als er erklärte: »Wenn ein Organismus seine Möglichkeiten nicht ausschöpfen kann, wird er krank.«

Die letzte Übung war eine *positive Substraktion,* bei der wir etwas wegnahmen, um herauszufinden, wie unser Leben ohne es aussähe. Dadurch können wir würdigen, wie das Leben mit dieser Eigenschaft aussieht. Denken Sie daran zurück, wie Sie Ihre beste Freundin, Ihren Liebsten oder Ihre Gattin kennenlernten, und stellen Sie sich vor, diese Umstände wären nicht eingetreten. Wie sähe Ihr Leben aus, wenn Sie sich nicht begegnet wären? Eine positive Substraktion ist der unmittelbare Weg zu Dankbarkeit dafür, was und wen Sie in Ihrem Leben haben.

Kann man Charakterstärken zu wenig oder im Übermaß einsetzen?

Charakterstärken haben noch eine andere Seite, die wichtig, ja vielleicht lebenswichtig für ihr Verständnis und ihren Einsatz ist. Charakterstärken müssen mit einem Sinn für Balance und Dosierung eingesetzt werden. Wenn eine Geigensaite zu stark oder zu schwach gespannt ist, ist sie verstimmt und passt nicht in die Harmonie. Übermäßiger oder zu geringer Gebrauch von Stärken kann suboptimale Resultate zeitigen.

Nehmen Sie zum Beispiel die Hilfsbereitschaft. Es ist in der Regel gut, hilfsbereit zu sein. Es wäre komisch, es als verkehrt oder schlecht anzusehen, wenn man jemandem hilft, der sich müht, eine Tür zu öffnen oder ein Paket zu schleppen. Aber wie wir bei der Geschichte über Darlene gesehen haben, kann es übergriffig sein, jemandem zu helfen, der das nicht braucht oder will. Die Charakterstärke der Briefträgerin Anne – ihre Hilfsbereitschaft – wurde übergriffig, weil sie sie überstrapazierte. Als sie sie besser dosierte, war das, als wäre die Saite richtig gestimmt, und damit kehrte die Harmonie zurück.

Eine bahnbrechende Studie[10] hat gezeigt, dass der zu große oder zu geringe Einsatz von Charakterstärken mit negativen Ergebnissen zusammenhing, während der optimale Einsatz zu positiven Ergebnissen führte. Beispielsweise ging der überstarke Einsatz von Sozialintelligenz und Bescheidenheit bei gleichzeitig zu geringem Vorhandensein von Schwung, Humor und Selbstregulierung mit Sozialangst einher, die oft ein Vorläufer der Depression ist. Diese Studie vermittelt uns einige Einsichten, wie wir, wenn wir uns mit unseren Stärken beschäftigen, mehr Kontrolle über unsere Depression und unser Wohlbefinden bekommen, als wir für möglich gehalten hätten. Dadurch, dass wir unsere Stärken identifizieren und sie wohldosiert und optimal einsetzen, verstärken wir unsere positive Einstellung und vermeiden gleichzeitig unerwünschte Erfahrungen. Was wir suchen, ist ein glückliches Gleichgewicht. Was mir am besten an diesem neuen Zugang zur seelischen Gesundheit gefällt, ist die Tatsache, dass er nicht bloß eine Beschreibung ist – sondern eine *Ver*schreibung, und dass entsprechende Anpassungen vorgenommen werden können.

Haben Sie eine Tendenz, eine Charakterstärke überzustrapazieren? Nutzen Sie eine bestimmte Stärke zu wenig? Wenn wir unsere Stärken nicht richtig einsetzen, bekommen wir Probleme. Lesen Sie die untenstehende Liste von Stärken[11] und überlegen Sie, ob einige dabei sind, die zusammen eine Dissonanz ergeben. Das gibt Ihnen eine Landkarte, die Ihnen hilft, den bestmöglichen Einsatz Ihrer Stärken zu finden.

Stärken	Zu geringer Einsatz	Übermäßiger Einsatz
Kreativität	Konformität	Exzentrik
Neugier	Desinteresse	Schnüffelei
Urteilsvermögen	Unüberlegtheit	Zynismus
Lernbegierde	Selbstzufriedenheit	Besserwisserei
Augenmaß	Seichtheit	Anmaßung
Mut	Feigheit	Tollkühnheit
Beharrlichkeit	Zerbrechlichkeit	Besessenheit
Ehrlichkeit	Heuchelei	Selbstgerechtigkeit
Schwung	Faulheit	Hyperaktivität
Liebe	Emotionale Isolation	Emotionale Promiskuität

Stärken	Zu geringer Einsatz	Übermäßiger Einsatz
Hilfsbereitschaft	Gleichgültigkeit	Übergriffigkeit
Sozialintelligenz	Unverständnis	Überanalyse
Teamwork	Egoismus	Abhängigkeit
Fairness	Parteilichkeit	Distanziertheit
Führungsqualität	Nachgiebigkeit	Despotismus
Vergebung	Erbarmungslosigkeit	Permissivität
Bescheidenheit	Größenwahn	Selbstmissbilligung
Vorsicht	Sensationslust	Spießigkeit
Selbstregulation	Zügellosigkeit	Hemmung
Sinn für Schönheit und Qualität	Schlampigkeit	Perfektionismus
Dankbarkeit	Individualismus	Schmeichelei
Hoffnung	Negativität	übertriebener Optimismus
Humor	Zu großer Ernst	Albernheit
Spiritualität	Anomie	Fanatismus

Selbstexploration
Neue Seinsweisen imaginieren

Denken Sie in den nächsten vierundzwanzig Stunden einmal darüber nach, wie Sie eine Ihrer größten Stärken auf andere, neue Weise nutzen können. Behalten Sie die »goldene Mitte« im Blick – das glückliche Gleichgewicht, wenn die Stärke genau richtig und der Situation angemessen dosiert ist. Nutzen Sie im kommenden Monat täglich eine Stärke auf diese Weise, damit Sie sich mit jeder einzelnen auseinandersetzen und ihren optimalen Einsatz erlernen können. Am besten führen Sie täglich Buch über den Einsatz der jeweiligen Stärke und achten darauf, ob sie sich dem Gefühl nach in der Region der goldenen Mitte befindet. Fühlte sich Ihre Stärke in der Umgebung, in der Sie sich befanden, harmonisch an?

Vergessen Sie nicht: Die Art und Weise, wie wir über die Zukunft denken, ist das Wichtigste, wenn wir Zuversicht schaffen wollen. Wenn Sie sich überlegen, wie Sie Ihre Stärken anders nutzen wollen, fördern Sie Ihr inneres Wachstum. Wenn Sie feststellen, dass Ihre Stärken nicht optimal angepasst sind, dann versuchen Sie, sie ins Gleichgewicht zu bringen, damit Sie sie effektiv nutzen können.

Die Gabe, seine Stärken anzuwenden

Bis jetzt haben Sie Fähigkeiten erworben, mit denen Sie Niedergeschlagenheit und Depression lindern und Ihr Wohlbefinden steigern können. Aber die Hauptsache bei einer Depression ist nicht, herauszukommen, sondern draußen zu bleiben. Ich musste lernen, dass die Prävention eines Rückfalls andere Fähigkeiten verlangt. Deshalb haben wir uns auf das Erlernen von Zuversicht konzentriert, indem wir die Denkgewohnheiten entwirrten, die uns im Würgegriff halten, und die Kraft optimal genutzter Charakterstärken betrachtet. Wenn man herausfindet, wie man seine Charakterstärken auf neue, andere Arten nutzen kann, hält einen das davon ab, überhaupt depressiv zu werden, denn damit wächst die Hoffnung auf mehr Kontrolle im Leben.

Wenn man seine Charakterstärken einsetzt, verhindert man einen Rückfall, weil man seine Resilienz stärkt und Hoffnung und Zuversicht stimuliert. Wenn Sie sich am eigenen Schopf aus dem Sumpf Ihrer Niedergeschlagenheit gezogen haben, dann hilft Ihnen das Bewusstwerden Ihrer größten Stärken, ihr auf Dauer zu entkommen. Dadurch entwickeln Sie sich weiter, statt steckenzubleiben. Wie man am besten vermeidet, wieder in eine Depression zurückzufallen, hat Bruce Springsteen in seinem Buch *Born to Run*[12] formuliert: »Man muss einfach nur wagen, sein wahres Selbst zu sein.«

»Die größte Verlockung im Leben ist nicht Erfolg, Beliebtheit oder Macht, sondern Selbstablehnung.«

———

Henri Nouwen

KAPITEL 6

Herausfordernde Ziele setzen

Amy war vermutlich die depressivste Person, mit der ich je zu tun hatte. Bei Amy half einfach gar nichts. Die endlose Medikamentenliste, die ihr der Psychiater verschrieb, meine Vorschläge, wie sie sich motivieren könnte, und meine Aufforderung, sich für irgendetwas zu engagieren, liefen alle ins Leere. Amy hatte für alles eine Ausrede.

Das Haus verließ sie nur zu unseren wöchentlichen Therapiesitzungen. Sie ließ sich die Lebensmittel liefern, hatte aufgehört, die Nachrichten ihrer Freunde zu beantworten, und schlief fast den ganzen Tag. Aber sie verpasste keine einzige Therapiestunde. Sie erschien pünktlich, erklärte, warum sie sich nicht ändern könne, und machte dann einen neuen Termin aus.

Doch eines Tages kam Amy zu spät – zum ersten Mal. Sie entschuldigte sich mit der Bemerkung, sie sei beim Haushaltswarenladen vorbeigegangen, um Pappteller zu kaufen, und es habe länger gedauert als erwartet. Ich war ganz aus dem Häuschen vor Freude, denn ich dachte, sie habe Gäste eingeladen. Aber es stellte sich heraus, dass sie seit langem kein sauberes Geschirr mehr hatte und deshalb von Papptellern aß.

»Haben Sie mal versucht, abzuspülen?«

Sie schüttelte den Kopf. »Zu viel Arbeit. Dafür habe ich keine Energie, und wozu auch? Es kommt sowieso kein Besuch. Mir ist es egal, wie die Wohnung aussieht.«

»Das Abspülen könnte Ihnen eine gewisse Kontrolle über Ihre Umgebung vermitteln, und dann fühlen Sie sich vielleicht besser.«

Sie wehrte sich gegen diesen Vorschlag, bis ich ihr abrang, dass sie in der Woche zwischen unseren Sitzungen wenigstens einen Teller abspülen würde. Sie verließ meine Praxis, nachdem sie widerstrebend versprochen hatte, einen Teller zu spülen. Am Abend rief sie mich an. So aufgekratzt hatte ich sie noch nie erlebt.

»Sie hatten Recht! Ich habe einen gewaschen, und dann habe ich ihn auf eine saubere Stelle auf der Anrichte gestellt, und das hat sich toll angefühlt. Echt komisch. Wegen diesem einen Teller ging es mir irgendwie besser. Da habe ich beschlossen, noch einen zu spülen, und wie ich die beiden übereinandergestapelt sah, hatte ich das Gefühl, ich könnte was hinkriegen. Es war nicht zu fassen. Ich habe noch ein paar abgewaschen, und jedes Mal, wenn wieder einer sauber war, hat mich das aufgebaut. Ich habe sie aufeinandergestellt und in den Schrank geräumt, und immer wenn ich wieder einen Stapel geschafft hatte, da kam dieses Gefühl – keine Ahnung –, als ob mein Leben in Ordnung käme. Ich habe Lust bekommen, die ganze Wohnung zu putzen.«

Das war der Wendepunkt für Amy, und als unsere Therapie an ihr Ende kam, hatte sie sich positiv und dauerhaft verändert und Pläne für die Zukunft gemacht. Bei unserer letzten Sitzung schenkte sie mir das ungeöffnete Paket Pappteller, das sie auf ihrer Anrichte behalten hatte, um nicht zu vergessen, was bei ihr funktionierte.

Amys Beispiel zeigt, wie hilfreich es ist, sich kleine Ziele zu setzen, um positive Emotionen zu generieren und seine Erwartungen zu verändern. Zum Genesungsprozess von einer Depression gehört, Kontrolle über das eigene Leben zurückzugewinnen. Wenn wir depressiv sind, dringt eine stete Unsicherheit in unsere Gedanken und Handlungen ein. Wir verlieren Selbstvertrauen, Leistungsfähigkeit und Energie. Wir büßen ein, was früher für uns wichtig war, wir isolieren uns und fühlen uns völlig haltlos. Unsere Ziele verschwimmen. Dann hören wir auf, uns sinnvolle Ziele zu setzen, denn im Licht dessen, was wir von der Zukunft erwarten, erscheinen sie uns zwecklos. Geht es Ihnen auch so?

Ich habe Sie ermuntert, die Entscheidungen zu hinterfragen, die Ihren Überzeugungen zugrunde liegen, und alles in Ihrer Macht Stehende zu tun, um Ihr negatives Denken zu verlangsamen, anzuhalten und umzukehren. Wie Sie erfahren haben, resultieren Überzeugungen aus Entscheidungen, die das Nachdenken über die Zukunft in Gang setzen. Wenn Überzeugungen negative Gedanken produzieren, halten sie Sie in der Depression fest, denn Ihre Einschätzung der Zukunft ist düster.

Wenn Sie meinen Anregungen gefolgt sind, an Ihrem Tagebuch arbeiten und die Werkzeuge anwenden, dann machen Sie vermutlich Fortschritte. Jede dieser Entscheidungen, Überzeugungen, Erwartungen und Methoden ist entworfen worden, um Sie von einer bestimmten Denkweise bezüglich Ihrer Vergangenheit zu befreien und um Ihnen zu ermöglichen, das Potenzial jedes Augenblicks wahrzunehmen und Ihre Erwartungen gegenüber der Zukunft zu verbessern. Dieses Kapitel wird Ihnen zeigen, wie man Ziele nutzt, um Zuversicht zu generieren, und gleichzeitig einengende Überzeugungen aufdeckt – also die Denkfallen, die sie ersticken.

Ihre Ziele müssen von anderen unterstützt werden

Wenn wir unseren Blickwinkel zum Besseren verändern, brauchen wir auch Mitmenschen, die uns helfen, unseren Antrieb aufrechtzuerhalten. Der Blickwinkel, den andere Menschen uns bieten, trägt weit, wie die Pflegeforscherin Kaye A. Herth[1] in ihren Arbeiten nachweist, die Pflege, Medizin und Gesundheitspsychologie enorm beeinflusst haben. Was ich im Folgenden über das Streben nach Zielen äußere, wird von Hunderten von Studien gestützt.

Zielsetzungen halten uns bei der Stange und lassen uns produktiv werden. Erinnern Sie sich an Suzanne, meine Krebspatientin, die ihre Ziele neu gewichtete und damit wieder ein Gefühl der Handlungsfähigkeit erlangte? Sie lernte, ihre Zuversicht zu aktivieren, indem sie die richtige Kombination von Motivation und Mitteln herausfand. Außerdem hatte Suzanne Erfolg, weil sie sich an andere Menschen wandte, um Unterstützung für ihre Ziele zu finden. Wenn wir das Gefühl haben, dazuzugehören, sozial und geistig unterstützt zu werden, dann können wir dauerhaft Zuversicht empfinden und geradewegs auf unsere Ziele zusteuern.

Forschungsstudien haben nachgewiesen, dass soziale Unterstützung deshalb wirkt, weil sie verstärkt. Alles, was wir tun, um unser Wohlbefinden zu erhöhen, vergrößert sich, wenn noch soziale Unterstützung hinzutritt. Sie wirkt wie Rasendünger auf unser Leben. Wenn wir die Unterstützung anderer spüren, verbessern sich unsere Erfolgschancen enorm. In Studien mit Teenagern und Collegestudent*innen wurde deren Zielstrebigkeit und Effektivität durch soziale Unterstützung deutlich verstärkt. Alle hatten mit der Unterstützung der Peer-Gruppe mehr Erfolg.

Das funktioniert auch bei Depression. Nachdem eine großangelegte Oxforder Studie[2] mit 30 000 Teilnehmenden eindeutig nachgewiesen hatte, dass die Achtsamkeitsmeditation ebenso effektiv wirkt wie Antidepressiva, verglich eine gesonderte Studie die Wirkung der Achtsamkeitsmeditation auf die Genesung von einer Krebserkrankung, und zwar sowohl mit als auch ohne soziale Unterstützung. Die Ergebnisse zeigten, dass die positive Wirkung der Achtsamkeitsmeditation auf Stressbewältigung und Stimmung sich bei den Teilnehmenden, die soziale Unterstützung erhielten, noch verstärkte. Weitere Studien konnten nachweisen, dass der Effekt positiver Alltagsereignisse auf Menschen mit Depressionssymptomen gesteigert wird, wenn sie soziale Unterstützung für ihre Ziele erhalten.[3] Mit anderen Worten wird alles, was Sie zur Verbesserung Ihrer Stimmung tun, verstärkt, wenn Sie sich von anderen Menschen helfen lassen. Soziale Unterstützung wirkt nicht nur als Puffer gegen Depression – sie hilft Ihnen auch, Ihre Ziele zu erreichen.

Warum wirkt das Zusammensein mit Menschen, die uns unterstützen, so stark? Weil es eine direkte Verbindung darstellt. Vielen Depressionen liegt soziale Isolation zugrunde, und sie kann einer der Hauptfaktoren sein, weshalb Sie auf der Stelle treten. Das Gefühl der Einsamkeit spiegelt häufig die Entfernung zwischen unseren zwischenmenschlichen Bedürfnissen und dem, was wir haben, wieder – zwischen unseren Wünschen und dem Realzustand unserer Beziehungen. Man kann viele Beziehungen im Leben haben – mit Partner oder Partnerin und zum Beispiel zu Kolleg*innen –, und dennoch vermitteln einem innere Konflikte, Zweifel und Unschlüssigkeit ein Gefühl emotionaler Einsamkeit. Wenn das bei Ihnen zutrifft, dann fühlen Sie sich vielleicht sogar einsam, wenn Sie von Menschen umgeben sind. Diese Art der Einsamkeit geht nicht selten mit dauerhaften Problemen des Immunsystems, Stressreaktionen, Herzproblemen und Krankheiten einher. Sie raubt Ihnen chronisch Ihre Energie und verstärkt Ihr negatives Denken. Wenn Sie sich um soziale Unterstützung bemühen, wobei Kapitel 8 Ihnen Hilfestellung leisten wird, kann Ihnen, auch wenn es sich schwierig anfühlt, diese eine Bemühung helfen, sehr schnell eine Veränderung zum Besseren herbeizuführen.

Man muss allerdings ein gesundes Alleinsein von sozialer Isolation unterscheiden. Manche Lebensphasen (zum Beispiel das Schreiben eines Buchs) erfordern Konzentration und eine Reduktion der Sozialkontakte. Zeit zum Nachdenken, für Meditation und konzentrierte Arbeit an einem Projekt kann unser Wohlbefinden außerordentlich steigern. Das ist etwas anderes als die soziale Isolation und die emotionale Einsamkeit, von der hier die Rede ist.

Während Verluste in unserem Leben eine Depression in Gang setzen können, ist es von enorm heilender Wirkung, wenn wir andere Menschen in unser Leben einlassen.

Seien Sie SMART bei der Setzung einfacher Ziele

Als Amy meine Anregung aufgriff und einen Teller spülte, statt alles auf einmal ändern zu wollen, erschloss sie sich ihren Weg zur Zuversicht und begann eine aufwärts führende Energiespirale. Die positiven Gefühle vermehrten sich zusehends, was ihr ermöglichte, sich größere Ziele vorzunehmen und sie auch zu erreichen. Ohne dass es ihr damals bewusst war, wandte sie eine der effektivsten Techniken an, um sich am eigenen Schopf aus dem Sumpf zu ziehen: Sie fing klein an, baute darauf auf, machte ihren Erfolg sichtbar und teilte ihren Fortschritt einem Unterstützer mit. Das sind die essenziellen Erfolgsmerkmale, die einem helfen, sich aus den Fängen der Depression zu befreien.

Am effektivsten wirken Ziele, wenn sie SMART sind. Dieses Akronym steht für spezifisch, messbar, ausführbar, realistisch, terminiert.[4] Jede Komponente spielt eine wichtige Rolle für die Umsetzung der Ziele. Wir wollen sie eine nach der anderen durchgehen.

* Wenn Sie ein Ziel spezifizieren, nehmen Sie ein allgemeines Ziel wie »Ich will abnehmen« und machen es spezifisch: »Ich will fünf Kilo abnehmen.«
* Dadurch wird es auch messbar. Sie können sich vor und während Ihrer Diät wiegen.

* Fünf Kilo abzunehmen und Ihre Fortschritte zu messen, ist ausführbar. Sie nehmen Gemüse statt Pommes zu Ihrem Sandwich oder lassen das Dessert aus.
* Um die Sache realistisch zu machen, geben Sie sich sechs Monate, nicht sechs Tage.
* Zu guter Letzt setzen Sie einen Termin fest. Sie würden sich keine zehn Jahre geben, um fünf Kilo abzunehmen – Sie wollen durch den Termin motiviert werden.

Vergleichen Sie das Ziel: »Ich will in den nächsten zehn Jahren abnehmen, ohne mich zu wiegen«, mit: »Ich will in den nächsten sechs Monaten fünf Kilo abnehmen und jede zweite Woche meine Fortschritte messen.« Wenn man ein Ziel erreichen will, muss es SMART sein.

Im Lauf dieses Kapitels werden Sie sich ein paar Ziele setzen. Entscheidend ist, dass Sie kleine Ziele auswählen, die Ihnen ein Erfolgserlebnis ermöglichen. Darauf können Sie dann aufbauen und schließlich auch größere Ziele erreichen. Fangen Sie klein an und bauen Sie darauf auf. Um den Erfolg sichtbar zu machen, können Sie vielleicht einen Kalender oder eine App nutzen, um Ihren Fortschritt festzuhalten. Wenn Sie klein anfangen, können Sie auf dem Selbstvertrauen aufbauen, das jedes erreichte Ziel Ihnen vermittelt. Das ist ein Ziel in sich, denn allein das Selbstvertrauen wird Sie inspirieren, weiterzumachen.

Vergessen Sie nicht, soziale Unterstützung ist hilfreich, weil sie Ihre Vorhaben auf zweierlei Weise verstärkt. Erstens vermittelt sie Ihnen ein Gefühl der Verantwortlichkeit. Zweitens verstärkt die Verantwortlichkeit (anderen gegenüber) Ihr Engagement. Die soziale Unterstützung hält uns auch davon ab, uns selbst zu schaden oder Denkfallen auf den Leim zu gehen.

Denkfallen, die uns von unseren Zielen fernhalten

Mir ist durchaus bewusst, dass es nicht leicht ist, sich klarzumachen, in welcher Weise Ihre Gedanken Sie möglicherweise sabotieren, aber wie der Business-Coach John Spence gesagt hat: »Man kann keine Sache ändern, der man sich nicht stellen will.« Erinnern Sie sich noch, dass ich Sie in Kapitel 1 gebeten habe, aufzuschreiben, wo Sie auf der Stelle treten und welche negativen Gedanken sich ständig wiederholen? Es war die Rede davon, dass diese Gedanken Sie stärker als alles andere hemmen und dass sie als Erstes identifiziert werden müssen, um ihnen die Macht über Sie zu nehmen.

Nun haben Sie sie identifiziert, und wir werden uns ihnen stellen. Schauen Sie sich zuerst Ihre Liste an. Kreisende Gedanken sind wie ein Auto mit Vorderradantrieb. Sie können das Auto in die eine oder andere Richtung lenken. Sich wiederholende negative Gedanken schlagen die Räder nach links ein, und dann fahren wir immer im Kreis. Sehen Sie sich nun die folgende Liste an. Kennen Sie solche Gedanken? Wenn ja, dann ist die Wahrscheinlichkeit groß, dass Sie in einer Denkfalle gefangen sind.

Denkfallen sind Gedankengewohnheiten, die ein festgelegtes Reaktionsmuster nach sich ziehen. Sie unterbrechen die Informationsaufnahme in einer Situation und färben sie infolgedessen nach unserer Denkgewohnheit ein. Sie sind sehr verbreitet, und wenn man lernt, sie zu entdecken und zu bekämpfen, kann man effektiv sein Leid lindern, den Blickwinkel verändern und die Lebensfreude vermehren.

Es gibt sehr viele Arten von Denkfallen, und im Folgenden finden Sie vielleicht ein paar, die Sie an sich selbst oder anderen wiedererkennen. Vielleicht haben Sie sogar ein paar davon bei der Übung in Kapitel 1 schon aufgeschrieben.

- Ich bin nicht gut genug.
- Ich werde die Sache in den Sand setzen.
- Ich kriege meine Angst nie in den Griff.
- Ich schaffe es nicht.
- Ich bin ein Pechvogel.
- Ich sollte es einfach aufgeben.
- Wenn es nicht perfekt ist, kann ich es gleich vergessen.
- Ich hab's vermasselt – jetzt ist alles aus.
- Ich werde nie den Beruf ausüben, den ich anstrebe.
- Ich habe nicht genug Kraft.
- Das lässt sich nicht ändern.
- Die Leute halten mich für dumm.
- Sie mag mich nicht.
- Keiner kümmert sich um mich.
- Niemand liebt mich.
- Ich mache immer alles falsch.
- Ich bin so dumm.
- Ich bin ein Verlierer.
- Ich falle in Ohnmacht.
- Ich werde wahnsinnig.
- Ich kriege die Krise und keiner hilft mir.
- Ich werde mich absolut lächerlich machen – wie peinlich!
- Ich habe nie Erfolg.
- Es ist zu spät.
- Ich bin nicht klug genug.
- Ich bin ein Reinfall.
- Ich kann machen, was ich will, es ändert sich ja doch nichts.
- Was stimmt denn nicht mit mir?
- Am liebsten wäre ich tot.
- Ich habe meine Gefühle nicht im Griff.
- Ich darf keine Fehler machen.

Wenn einer dieser Gedanken – oder auch mehrere – sich in Ihrem Kopf wiederholen, dann wird er von einem zugrundeliegenden Glaubenssystem generiert. Die Wiederholung ist eine Falle.[5] Daran können Sie erkennen, dass Ihre Gedanken einer Abwärtsspirale folgen: Die Wiederholung ist ein Signal, dass Ihr Denken aus dem Gleichgewicht geraten ist. Denkfallen kommen in allen möglichen Formen und Größen vor, aber sie haben eins gemeinsam: die Wiederholung.

Ein einmaliger Gedanke richtet keinen sonderlichen Schaden an, und er fällt sogar kaum auf. Aber ein unaufhörliches Bombardement verursacht ein Problem. Überzeugungen sind repetitive Denkgewohnheiten. Denkfallen sind repetitive *negative* Überzeugungen, die Ihre Einschätzung der Zukunft beeinflussen. Es schränkt Sie ein, negative Überzeugungen ständig zu wiederholen. Wenn Sie aber das Muster Ihres Denkprozesses wahrnehmen, beginnt bereits eine Veränderung. Wenn Ihnen klar wird, dass es da ein Muster gibt, steigt die Wahrscheinlichkeit, dass Sie es zum Besseren wenden können. Hier folgen einige gängige Denkfallen.[6] Wir wollen sehen, ob die ein oder andere auf Sie zutrifft und was Sie dagegen tun können.

Alles-oder-nichts-Denken (oder *Schwarz-Weiß-Denken*) tritt auf, wenn nur extrem gute oder schlechte Optionen möglich scheinen. Die Möglichkeit einer beigen oder grauen Option taucht gar nicht auf – nichts im Zwischenbereich wird in Betracht gezogen. Die Dinge sind entweder gut oder schlecht, ein Erfolg oder ein Reinfall, richtig oder falsch. Wenn Sie zum Beispiel einmal in Ihrer Diät gesündigt haben, heißt das noch nicht, dass Sie völlig versagt hätten. Sie hatten einen kleinen Rückfall, und um den zu korrigieren, müssen Sie bloß morgen wieder Ihrer Diät folgen. Hier sind zwei Beispiele von Schwarz-Weiß-Denken: *Wenn es nicht perfekt wird, ist es* ein Reinfall. Oder: *Ich habe ein Stück Schokolade gegessen. Jetzt ist meine Diät zum Teufel!*

Voreilige Schlüsse ziehen bedeutet, ohne ausreichende Informationen eine Behauptung aufzustellen. Beispielsweise ging Amy davon aus, dass sie als geschiedene Frau für immer Single bleiben würde. Solche Annahmen müssen mit Tatsachen konfrontiert werden, wie zum Beispiel der, dass die meisten Menschen nach einer Scheidung wieder eine Liebe finden. Denkfallen sind ziemlich schlau, und sie machen sich unser Verhalten zum Komplizen, um die Illusion zu unterstützen. Da Amy nie irgendwohin ging, wo sie jemanden kennenlernen konnte, dominierte ihre Denkfalle, denn Amy unternahm nichts, was diese hätte in Frage stellen können.

Wenn Sie Ihren Freund anrufen und er geht nicht ans Telefon, würde ein vorschneller Schluss Sie in folgende Denkfalle locken: *Er hat eine Affäre, er müsste jetzt zu Hause sein, und er geht nicht ran – ich wette, er ist mit einer anderen zusammen.* Sie haben einen Schluss gezogen, der andere Möglichkeiten gar nicht in Betracht zieht, wie zum Beispiel, dass er im Stau steckt oder gerade duscht.

Gedankenlesen: Sie glauben, Sie wüssten, was andere denken, oder gehen davon aus, dass die anderen wissen, was Sie denken. Folgende Beispiele zählen zum Gedankenlesen: *Niemand liebt mich. Die Leute halten mich für blöd. Sie mag mich nicht. Das ist den anderen doch egal.*

Übermäßige Verallgemeinerungen treten auf, wenn wir auf der Basis minimaler Erfahrung umfassende Urteile über uns (oder andere) fällen. *Ich bin allen egal. Niemand liebt mich. Ich bin ein totaler Reinfall. Ich kriege das niemals auf die Reihe. Ich bin ein Verlierer. Ich bin einfach nicht klug genug.* Aus einer schlechten Erfahrung wird etwas konstruiert, das unsere Sicht verzerrt. Oft werden Worte wie »immer« und »nie« bei dieser Art Denkfalle benutzt. *Ich werde es nie schaffen, meine Angstgefühle zu beherrschen. Immerzu mache ich Fehler.* Als Amys Freundin sie nicht anrief, schloss sie daraus, dass keiner ihrer Freunde mehr etwas für sie übrighatte. Da kam Gedankenlesen noch zur Verallgemeinerung hinzu – manchmal arbeiten mehrere Fallen zusammen, um uns zu behindern.

Negative Mentalfilter stellen die ultimative Form des Pessimismus dar. Alles wird durch eine negative Linse gefiltert. Nur das Negative wird überhaupt bemerkt. Sie geben eine fabelhafte Präsentation, dann fällt Ihnen auf, dass eine Person unter Ihren Zuhörenden ein gelangweiltes Gesicht macht, und daraufhin glauben Sie, alle hätten die Sache schrecklich gefunden. Das ist die ultimative Form des Pessimismus, denn es kann noch so viel Gutes geschehen, Sie werden sich immer nur auf die Dinge konzentrieren, die schiefgegangen oder enttäuschend gewesen sind oder nicht funktioniert haben. Üblicherweise arbeiten Denkfallen zusammen. Sie filtern nur die negativen Eindrücke nach Ihrer Präsentation heraus und verallgemeinern dann: *Ich kann einfach nicht vor Publikum reden.*

Beim **Personalisieren oder Externalisieren** ist alles entweder Ihre Schuld oder die von jemand anderem. Wenn Sie personalisieren, übernehmen Sie zu viel Verantwortung für die Situation, wenn Sie externalisieren, schieben Sie den schwarzen Peter jemand anderem zu, Sie sind jedenfalls nicht schuld. *Ich kann anstellen, was ich will, es ändert sich ja doch nichts. Was ist los mit mir? Die kriegen es einfach nie gebacken.*

Beim **Überschätzen oder Katastrophendenken** übertreibt man die Wahrscheinlichkeit, dass etwas Schlimmes passieren wird.

Wir erwarten das Schlimmste und/oder glauben, wir wären den Folgen nicht gewachsen. In Wirklichkeit passiert das Schlimmste nur sehr selten, und wenn es tatsächlich einmal eintrifft, gelingt es uns normalerweise, damit fertigzuwerden. Das Katastrophendenken raubt uns alle Lebensenergie. *Ich werde total ausflippen. Niemand wird mir helfen, wenn ich die Sache in den Sand setze. Ich werde mich komplett lächerlich machen – wie peinlich!* Das sind typische Sätze, mit denen wir uns davon überzeugen, wie schlimm alles werden wird.

Wahrsagerei ist das Mantra derer, die glauben, sie könnten in die – natürlich alles andere als rosige – Zukunft schauen: *Ich werde in Ohnmacht fallen. Ich werde den Verstand verlieren. Ich habe nicht genug Kraft. Ich werde nie Erfolg haben. Ich werde nie erreichen, was ich erreichen will. Ich schaffe es nicht.* Diese Gedanken sabotieren tatsächlich jeden Erfolg, weil sie unsere Anstrengungen und unseren Glauben an unsere Möglichkeiten konterkarieren.

»Ich muss/ich darf nicht«-Aussagen: Wenn man sich ständig dazu ermahnt, man müsse sich so und so benehmen oder dürfe dies und das nicht tun, ist das die sicherste Methode, ständig in Angst zu leben und von sich selbst oder anderen enttäuscht zu sein. Diese Gedanken sind leicht zu identifizieren, denn sie enthalten immer die entsprechenden Hilfsverben: *Ich darf mich niemals aufregen. Ich muss meine Gefühle unter Kontrolle haben. Ich darf keine Fehler machen.*

> **Selbstexploration**
> **Identifikation Ihrer Gedankenfallen**
>
> Schauen Sie sich in Ihrem Tagebuch die erste Liste negativer Gedanken an, die sich Ihnen in den Weg stellen, und identifizieren Sie die Denkfallen, die sie repräsentieren. Mit großer Wahrscheinlichkeit passt nicht jeder Ihrer Gedanken eindeutig in eine der Klassifikationen – aber finden Sie heraus, welche passen. Es ist weniger wichtig, dass Sie die Art der Falle identifizieren, als zu verstehen, dass der sich ständig wiederholende negative Gedanke eine Falle *ist*. Fahnden Sie nach den Gedanken, die regelmäßig Ihr Bewusstsein beeinträchtigen.
>
> In diesem Stadium Ihrer Selbstreflexionen und -explorationen sollten Sie in der Lage sein zu erkennen, wie repetitive Gedanken Überzeugungen schaffen, die Ihre Zukunft beeinflussen. Denken Sie schriftlich in Ihrem Tagebuch darüber nach. Wovon halten diese negativen Gedanken Sie ab? Was sagen sie voraus? Würden Sie sie gerne ändern, wenn Sie könnten?

Gedankenfallen demontieren, um neue Zukunftsaussichten zu gewinnen

Die Zuversicht kann auf vielerlei Weise gefördert werden, wenn es um Denkfallen und Depression geht. Sie können Ihre Charakterstärken identifizieren und darauf aufbauen, Sie können Ihr Denken direkt in Frage stellen oder sich kleine Ziele setzen, um sich aus dem tiefen Loch der Depression herauszuarbeiten. Mikroziele stärken unmittelbar unser Potenzial und vermögen die Energie wiederherzustellen, die wir brauchen, um unsere Erwartungen neu anzupassen. *Unsere Überzeugungen können unser Handeln verändern, und unser Handeln verändert unsere Überzeugungen.* Um aus einer Denkfalle auszubrechen, müssen Sie deren Aussage in Zweifel ziehen. Die meisten Resilienzprogramme beginnen damit, dass Sie etwas über Ihre negativen Gedanken lernen, und helfen Ihnen dann, Strategien zu entwickeln, um Ihre Grundannahmen in Frage zu stellen. Der Schlüssel beim Demontieren einer Denkfalle ist die Erkenntnis, dass ihr eine Entscheidung zugrunde liegt, wie man sich in der Zukunft verhalten will. Wenn man sich solchen Entscheidungen nicht entgegenstellt, beschließt man, alles beim Alten zu lassen. *Wenn man nicht beschließt, die Dinge zu verbessern, trifft man die Entscheidung, im Schmerz zu verharren.*

> Selbstexploration
> **Fallen in Frage stellen**
>
> Nachdem Sie nun den sich wiederholenden negativen Gedanken (manchmal als ANT bezeichnet für *automatic negative thought*[7]) identifiziert haben, der Sie heimsucht, und wissen, welchem Typ Falle er angehört, sollten Sie die Grundannahme dahinter in Frage stellen. Suchen Sie nach Gegenbeweisen. Sie können Denkfallen entkräften, indem Sie jeden Gedanken mit anderen Möglichkeiten konfrontieren. Haben Sie einen voreiligen Schluss gezogen, weil Sie gar keine andere Möglichkeit gesehen haben? Lassen Sie etwas außer Acht infolge Ihres Schwarz-Weiß-Denkens? Vermutlich. Was haben Sie übersehen? Könnten Sie, statt Gedanken zu lesen, jemanden fragen, um Ihre Annahmen zu verifizieren? Diese Art von Gegenbeweisen verlangt von Ihnen, über

Ihre ANTs nachzudenken und die Gültigkeit Ihrer Überzeugungen zu testen. Lassen Sie Ihre Denkfallen Revue passieren und notieren Sie die Gegenbeweise.

Bei jedem Einwand erweitern Sie Ihre Untersuchung, indem Sie nach weiteren Informationen suchen, einen anderen Blickwinkel einnehmen oder sich fragen, ob Sie vielleicht ein entscheidendes Puzzleteilchen übersehen haben.

Wenn Sie Gegenbeweise brauchen, können Sie den Irrtum einer Denkfalle am deutlichsten demonstrieren, wenn Sie Ziele (oft sogar Mikroziele) benutzen, um Gegenbeweise zu *schaffen*. Nehmen Sie einen der gängigsten negativen Glaubenssätze: *Ich kann das nicht*, die eine Form der Wahrsagerei darstellt, die oft zur selbsterfüllenden Prophezeiung wird. Ein Mikroziel, das diesen Glaubenssatz in Frage stellt, bedarf einer zielgerichteten Tätigkeit, um die Gültigkeit des Glaubenssatzes zu widerlegen.

Denkfallen schränken unser Bewusstsein ein und damit auch die Hoffnung, unsere Ziele zu erreichen. Meine Freundin Cathi äußerte immer den Wunsch, ein Buch zu schreiben und ihre Geschichte zu erzählen. Aber jedes Mal, wenn ich sie ermunterte, es in Angriff zu nehmen, sagte sie, das könne sie nicht. Sie habe nicht das nötige Talent, Durchhaltevermögen, Disziplin und so weiter. Ich schlug immer wieder vor, sie solle es versuchen, und sie erwiderte immer wieder, sie könne es nicht. Schließlich schlug ich vor, sie solle einfach mal den ersten Satz schreiben. Wie würde er lauten? Wie würde sie das Buch anfangen, das sie schreiben wollte, wenn sie könnte? Nichts weiter – einfach nur den ersten Satz. Zwei Tage später mailte sie mir den Satz. Er war richtig aufregend, und das sagte ich ihr. Sie war sehr stolz auf ihren Satz, und ich fragte, wie der erste Absatz lauten würde. Aus dem Absatz wurde das erste Kapitel, dann eine Skizze des gesamten Inhalts. Es dauerte zwar mehrere Jahre, aber Cathi verfasste ein Exposé, das von einem Agenten und schließlich auch von einem Verlag angenommen wurde. Cathi bewies sich selbst, dass ihr Glaubenssystem falsch war, indem sie Mikroziele erreichte, die es widerlegten. Ihr Erfolg inspirierte kontinuierliche Fortschritte, weil sie den Beweis erbrachte, dass ihre negative Überzeugung, ihre Denkfalle, falsch war.

Wenn die Psyche mit widerstreitenden Informationen konfrontiert wird, wächst sie von selbst. Denken Sie an ein Kind, das gerne Fahrrad fahren möchte, aber glaubt, es könne das nicht. Es glaubt so lange an seine Unfähigkeit, bis es fährt. Sie haben bestimmt eine Erinnerung, sei es daran, wie Sie lernten, Fahrrad zu fahren, oder Ähnliches – an diesen Augenblick der Möglichkeit, dass Sie etwas tun können, weil sie es gerade bereits tun, obwohl Sie es für unmöglich hielten. Wenn man ein Mikroziel erreicht, entkräftet das die Falle einer negativen Überzeugung.

Die Erkenntnis, welche Macht Denkfallen über das Verhalten ausüben, und die Entwicklung von Methoden, diese abzubauen, führte zu den beeindruckenden Ergebnissen in den groß angelegten Programmen, von denen Sie in Kapitel 5 erfahren haben. Im *Penn Resilience Program* (PRP)[8] gelang es, Schüler*innen verschiedener Altersstufen ihre Stärken bewusst zu machen und ihnen Strategien zu vermitteln, um unterschiedlichen Denkfallen entgegenzuwirken, was bei den Teilnehmer*innen Depressionssymptome reduzierte, die dann ein ganzes Jahr nach Entlarvung der Denkfallen auf diesem niedrigen Niveau blieben. Diese Studien bildeten das Rückgrat des *Master Resilience Training* in der US-Armee – wo genau das Gleiche für Erwachsene durchgeführt wurde.[9] Indem die Entdeckung innerer Stärken mit Strategien und Praktiken für den

Abbau von negativen Überzeugungen hinter den Denkfallen kombiniert wurde, konnten diese Programme Depressionen reduzieren, ohne auf Medikamente zurückzugreifen.

Durch Nacht zum Licht – durch angepasste Ziele und Mikroziele

Wenn ein Ziel zu weit außerhalb unserer Reichweite liegt, fühlen wir uns bereits unterlegen, ehe wir auch nur angefangen haben. Damit Zuversicht aufkommt, braucht es Ungewissheit. Wenn all Ihre Mühen sowieso sinnlos sind, wozu sollen Sie sich dann überhaupt anstrengen? Wenn Sie davon überzeugt sind, Sie könnten noch so viel trainieren, Sie würden aber nie einen Marathon laufen, dann wären Sie demotiviert aufgrund Ihrer festgefügten Meinung: Das wird *nie* passieren. Außerdem hat man von großen Zielen nicht den gleichen Gewinn wie von kleinen. Bis man das Ziel erreicht, fühlt sich, weil es so weit entfernt ist, jeder Tag wie ein Misserfolg an.

Die Wissenschaft lehrt uns, dass kleinere Ziele uns motivieren und unser Interesse und unsere Verbindung zu der angestrebten Leistung wachhalten. Kleine Ziele sind das Geländer an der Treppe zum Erfolg. Wenn man das große Ziel in kleinere aufteilt (wie zum Beispiel 5 km, 10 km und einen Halbmarathon als Meilensteine, um einenMarathon zu laufen), beginnt man, sich auf das Ziel zuzubewegen und Zuversicht aufzubauen. Je besser das Ziel den eigenen Kräften angepasst ist, desto erreichbarer wird es.

Der Zweck von Mikrozielen ist es, uns in Bewegung zu setzen. Auch diese kleinen Ziele müssen eine Herausforderung enthalten, etwas Ungewissheit, um Zugkraft zu entwickeln. Wenn das Ziel zu leicht erreichbar ist, motiviert es uns nicht. Wenn wir es aber erreichen, verschiebt sich unser Denken zum möglicherweise Machbaren hin, statt sich mit der Gewissheit des Nicht-Machbaren zu beschäftigen – was uns die Möglichkeit eröffnet, in fernerer Zukunft tatsächlich größere Ziele zu erreichen. Diese Anstrengung schafft Zuversicht.

Wir müssen unsere Ziele danach ausrichten, was wir brauchen, wollen und für machbar halten. Wenn man sich ein Ziel setzt, muss man die Möglichkeit sehen, es zu erreichen. Als wir Amys Ziel auf etwas Winziges ausrichteten – einen zu spülenden Teller –, erhöhten wir die Wahrscheinlichkeit, dass sie es erreichte, weil wir den Abstand zwischen ihrer Überzeugung und der nötigen Anstrengung verringerten. Schon allein das Ziel kann Ihre negative Überzeugung in Frage stellen. Sobald man sich Ziele gesetzt hat, liegt die Ungewissheit darin, ob man die Sache durchziehen wird. Man nähert sich ihnen an, »als ob« es möglich wäre, sie zu erreichen. Die Tätigkeit führt einen aus der Denkfalle und verschiebt das Glaubenssystem. Vielleicht bezweifeln Sie, dass Sie je einen Marathon laufen werden, aber neue Laufschuhe zu kaufen oder einen Kilometer mehr pro Woche zu gehen, sind schon Mikroziele, die auf etwas Größeres abzielen.

Selbstexploration
Die Wahl von Zielen, die einen aus Denkfallen befreien

Was können Sie tun, um die Denkfallen in Frage zu stellen, die Sie erkannt haben? Welche geringfügige Tätigkeit kann Ihnen helfen, Ihren negativen Gedanken zu trotzen? Für Cathi war es ein Satz; für Amy war es ein Teller. Was ist es für Sie?

Schauen Sie sich in Ihrem Tagebuch die Liste der repetitiven Gedanken oder festgefahrenen Emotionen aus Kapitel 1 an. Suchen

Sie sich drei aus, an denen Sie arbeiten wollen. Diese Exploration soll Sie mit dem Prozess vertraut machen. Sie können immer wieder von vorne anfangen, um zu üben.

Schritt 1: Schreiben Sie eine ihrer Denkfallen aus einer früheren Übung auf, mit der Sie es gerne aufnehmen möchten. Schon indem Sie das tun, nehmen Sie die nötigen Veränderungen vor, weil Sie ein wenig Ungewissheit in Ihre Denkgewohnheiten bringen. Dann identifizieren Sie das Ziel, von dem die Denkfalle Sie abhält.

Amy spülte kein Geschirr, weil ihr negativer Gedanke immer wiederholte: »Was soll das nutzen?« Er gehörte zu ihrer übermäßig verallgemeinernden Denkfalle. Da ihr »Alles oder nichts«-Denken bestätigte, dass sich nie etwas ändern würde, bezog sie den »Was soll das nutzen«-Gedanken auf alles und jedes. Das schmutzige Geschirr stapelte sich immer höher. Das Ziel, das ihre Denkfalle blockierte, war das Abspülen. Mit welcher Denkfalle verbindet sich Ihr negativer Gedanke, und welches Ziel blockiert er?

Schritt 2: Schauen Sie sich Ihr Ziel an und überlegen Sie sich ein angepasstes, kleines Ziel. Was bedeutet für Sie ein angepasstes Ziel? Ein Teilziel? Wenn schon kein ganzer Marathon, warum nicht ein halber oder fünf Kilometer? Schreiben Sie Ihre angepassten Ziele nieder.

Schritt 3: Jetzt wollen wir das Mikroziel ins Auge fassen. Welches Mikroziel wären Sie bereit auszuprobieren und in Angriff zu nehmen? Es kann so klein sein wie Amys Teller oder Cathis Satz.

Schritt 4: Überlegen Sie, wie Sie sich Unterstützung für das Erreichen des Mikroziels besorgen können. Wann wollen Sie sich verpflichten, es zu tun? Wem möchten Sie erzählen, dass Sie es tun werden, und dann davon berichten, dass Sie es getan haben?

Schritt 5: Jetzt nehmen Sie sich die Tätigkeit vor und erreichen das Mikroziel in der eingeplanten Zeit. Dann erzählen Sie der Person Ihrer Wahl davon. Halten Sie im Tagebuch fest, wie es Ihnen beim Tun und Erzählen ergangen ist. Inwiefern hat es Ihr Denken und Ihre Überzeugungen verschoben?

Welches weiterführende Mikroziel wollen Sie sich als Nächstes setzen? Folgen Sie demselben Prozess. Setzen Sie sich das Mikroziel, einen Zeitplan, wählen Sie eine Person aus, der Sie davon erzählen, und schreiben Sie schließlich alles auf. Fahren Sie mit den Mikrozielen fort, bis Sie bereit sind, ein angepasstes Ziel mit einem Zeitplan aufzustellen und jemandem davon zu erzählen. Mikroziele sind eine Starthilfe für diesen Prozess. Wie Martin Seligman sagt: »Setzen Sie sich Ziele ... die Begeisterung kommt dann von selbst.«

Den Stress von Anstrengungen neu bewerten

Beim Bearbeiten Ihrer Mikroziele werden Sie vielleicht bemerken, dass Sie die Anstrengung scheuen, die dafür nötig ist. Vielleicht empfinden Sie sie als stressig und wollen es lieber sein lassen. In einer auf acht Jahre angelegten Forschungsstudie wurde den Teilnehmer*innen eine einfache Frage gestellt: »Glauben Sie, dass Stress Ihrer Gesundheit schadet?« Im Ergebnis zeigte sich die höchste Todesrate bei denjenigen, die intensiv Stress erlebt hatten und glaubten, das schade ihrer Gesundheit. Das geringste Sterberisiko hatten Teilnehmende, die zwar genauso viel Stress erlebt hatten wie ihre Pendants, ihren Stress aber nicht für schädlich hielten.[10] Ihre Grundannahme über Stress veränderte deutlich die Überlebensfähigkeit.

In voller Konsequenz bedeutet das, dass die Überzeugung, Stress sei ungesund, zu den fünfzehn häufigsten Todesursachen gehört und mehr Leute umbringt als HIV, Hautkrebs oder Totschlag. Das, was uns unserer Meinung nach zustoßen wird – *unsere Überzeugung* –, bestimmt unsere Reaktion und unser Wohlbefinden. Dieses Studienergebnis deutet auf ein wichtiges Thema unserer Überlebensfähigkeit hin: Lernen, unsere Überzeugungen zu verändern, könnte mit das Gesündeste sein, was wir tun können.

Die Gesundheitspsychologin Kelly McGonigal[11] von der Stanford University hat die Wirkung von Stress auf Körper und Leistungsfähigkeit untersucht. Sie hat herausgefunden, dass Stress, wenn wir ihn als schädlich für unser Wohlergehen und unsere Leistungsfähigkeit ansehen, tatsächlich schädlich *ist*. Wenn wir hingegen die Stresssymptome, wie beschleunigten Herzschlag und schnellere Atmung, als Anzeichen unserer Bereitschaft deuten, der Herausforderung entgegenzutreten, kann er sich günstig auf Körper und Leistungsfähigkeit auswirken. Ein Harvard-Forschungsteam konnte sogar nachweisen, dass bei Studienteilnehmenden, denen in einer künstlich herbeigeführten Stresssituation gesagt wurde, sie sollten diese körperlichen Reaktionen als positives Zeichen sehen – als hilfreiche Vorbereitung –, die Blutgefäße sich nicht verengten wie bei den Teilnehmenden, die ihre körperlichen Reaktionen als hochschädliche Stresssymptome interpretierten. Dabei sind die biologischen Marker physiologisch denen ganz ähnlich, die wir bei großer Freude und bei Mutproben empfinden.

Das zeigt, dass nicht das Ereignis bestimmt, welche Wirkung es auf uns hat, sondern unsere Interpretation: das, was wir *glauben*.

Lernen bringt Aufwärtsschwung

Wie bei einem Kind, das Laufen lernt, verläuft das emotionale Wachstum in Entwicklungsschüben. Immer wieder gibt es Misserfolge, jeweils gefolgt von Reflexion, Korrektur und Fortschritt. Man kehrt nicht zum Krabbeln zurück, wenn man einmal laufen gelernt hat, und man verliert sich nicht mehr in negativen Gedanken, wenn man erst einmal gelernt hat, sie hinter sich zu lassen. Wenn wir lernen, die Fesseln festgefahrenen Denkens zu brechen, stolpern wir vielleicht hin und wieder, aber sobald wir die Fähigkeit besitzen, an Besseres zu denken, treibt es uns, diesen Fortschritt zu erhalten und weiterzuentwickeln. Wenn wir uns selbst beweisen, dass wir kleine Ziele erreichen können, ändern wir unser Denken beträchtlich. Wenn Sie je beobachtet haben, mit welcher Beharrlichkeit ein Kind lernt zu stehen, zu laufen oder Fahrrad zu fahren, dann haben Sie gesehen, dass das Bemühen um kleine Fortschritte zum Weitermachen ermutigt. Deshalb ist es so wichtig, dass wir unseren negativen Überzeugungen kleine Aktionen entgegensetzen, die sie Lügen strafen. Mikroziele schaffen Gegenbeweise für unser negatives Denken.

Das Schwierigste an der Persönlichkeitsentwicklung ist, dass wir uns selbst ins Gesicht sehen müssen. Wie jede der Interventionen gezeigt hat, sei es unsere Haltung gegenüber Stress, unsere Selbstgespräche, der Umgang mit dem fixierten Mindset oder mit Denkfallen, jede Wandlung zum Besseren beginnt mit einer Selbstbegegnung. Sie ist unerlässlich, wenn sich etwas entwickeln soll. Wenn wir nicht über unsere Gedankenprozesse reflektieren und mit Aktionen experimentieren, um Erstere in Frage zu stellen, wird eine Veränderung sehr unwahrscheinlich. Stellen Sie sich vor, Sie wollten ohne Spiegel einen Splitter aus dem Auge entfernen. Die Irritation wird immer schlimmer, bis Sie sehen, wo das Problem ist – dann experimentieren Sie mit Methoden, ihn zu entfernen.

Mikroziele helfen uns, in einen Zustand zu investieren, der noch nicht eingetreten ist, denn dadurch, dass wir sie uns setzen, widersprechen wir unseren negativen Überzeugungen und schaffen Erfolgserlebnisse. Wenn wir unsere hemmenden negativen Überzeugungen identifizieren und uns die Möglichkeit eröffnen, in der Zukunft etwas zu kontrollieren, entsteht Zuversicht. Die neuen Gewohnheiten, die wir im Denken wie im Tun pflegen, fördern und erhalten die positive Erwartung, die Zukunft kontrollieren zu können. Haben wir erst einmal die mühselige Arbeit geschafft, uns selbst ins Gesicht zu blicken und uns aus unseren Fallen zu befreien, fühlen wir uns, als seien wir endlich aus einem tiefen Loch herausgeklettert. Nun sind wir aus unserem selbstgebauten Gefängnis ausgebrochen, aber wo gehen wir jetzt hin? Wie können wir uns versichern, dass wir nicht wieder hineinfallen?

Wir hatten uns daran gewöhnt, im Dunkeln vor uns hin zu wursteln – jetzt müssen wir uns ans Licht gewöhnen. Bisher war unser Ziel, aus der Dunkelheit herauszufinden. Das ist geschehen. Jetzt müssen wir unseren Weg suchen.

»*Jeder muss für sich selbst herausfinden, was der Sinn des Lebens ist. Das ist nichts, was man entdeckt, es ist etwas, das man formt.*«

———

Antoine de Saint-Exupéry

KAPITEL 7

Einen Lebenssinn finden

Jordan fing mit dreizehn Jahren an zu trinken, brach mit sechzehn die Schule ab, und als er zwanzig wurde, hatte er zwei Gefängnisstrafen hinter sich. Bereits in jungen Jahren war seine Zukunftsprognose nicht gut. Als Teenager und junger Mann war Jordan alles andere als ein netter Mensch. Immer suchte er Streit; er glaubte, er könnte sich alles erlauben, und stahl Autos, fremdes Eigentum und anderer Leute Freundinnen. Nachdem ein Mädchen von ihm schwanger geworden war, heiratete er sie in einer Blitzhochzeit, die der Vater des Mädchens verlangte. Er bekam mit dieser Frau zwei weitere Kinder, war ihr aber während der fünfjährigen Ehe niemals treu. Er war jähzornig, und nach eigener Aussage verging kaum eine Woche, ohne dass er mit blutiger Nase von irgendeiner Schlägerei nach Hause kam – er verlor ebenso oft, wie er siegte.

Sein Alkohol- und Drogenkonsum nahm zu. Zunächst dealte er mit Drogen, um sich über Wasser zu halten, dann verließ er seine Familie, um als Drogenboss größere Pläne zu schmieden. Er war ein Naturtalent. Von etwa tausend Dollar pro Woche erhöhte sich sein Einkommen auf fünfzigtausend pro Monat. Er protzte mit Geld, seinen Autos und seinen Klamotten. Am Gipfel seiner Karriere handelte er mit allem, mit gestohlenen Autos, Frauen und Kokain. Er kam sich unverwundbar vor – keine Reue, keine Grenzen und keine Anzeichen von Wandlung.

Dann lauerten ihm zwei Männer auf, die ihn mit Baseballschlägern verprügelten und ihm siebzehn Knochenbrüche zufügten. Sie hatten es nicht auf einen Mord abgesehen, sie wollten ihm nur etwas mitteilen. Während er verprügelt wurde, brachen Leute in sein Haus ein und fuhren mit seiner gesamten Einrichtung in einem Umzugswagen davon. Seine Autos wurden mitgenommen und dann das Haus bis auf die Grundmauern niedergebrannt. Jordan glaubte, er habe alles verloren.

Nach zwölf Operationen und fast sechs Monaten im Krankenhaus wurde er mit einem Gipsbein entlassen. Er war clean und trocken, aber er hatte keine Freunde und wenig Geld. Er zog mit dem Wenigen, was er noch besaß, in eine Pension. In dieser Nacht brachen dieselben beiden Männer seine Tür auf und schwangen wieder ihre Schläger. Diesmal dauerte es acht Monate, bis er aus dem Krankenhaus entlassen wurde.

Jordan wurde etwa fünfzehn Jahre nach diesen Geschehnissen an mich überwiesen. So lange hatte es gedauert, ein paar nüchterne Jahre anzusammeln. Sein Leben war komplett zum Stillstand gekommen. Er hatte Schwierigkeiten, eine Arbeitsstelle zu behalten oder eine Beziehung zu führen, und seine drei Töchter, die inzwischen junge Frauen waren, reagierten nicht auf seine Anrufe. Die Baseballschläger hatten mehr zerstört als nur seine Knochen – sie hatten seine Identität und seinen Glauben an sich selbst gebrochen. Er redete ausschließlich darüber, wie dumm er gewesen und dass sein Leben ruiniert sei. Zwar erfüllte ihn seine Genesung mit einem gewissen Stolz, aber er hatte den Eindruck, dass sie ihm nicht sonderlich weiterhalf, außer dass die Lage nicht noch schlimmer wurde. Seine Zukunftsaussichten waren trostlos.

Ich werde in diesem Kapitel mehr über Jordan berichten, während wir uns ansehen, was uns hilft, uns von einem Verlust zu erholen – wie vernichtend er auch gewesen sein mag –, um letztendlich wieder einen Lebensinhalt zu finden, der uns in eine sinnvolle Zukunft trägt. Wenn Sie ein Lebensziel finden, können Sie einen Weg beschreiben, der die Abgründe der Depression vermeidet. Vor allem werden Sie, wenn Sie hin und wieder in Turbulenzen geraten, fähig sein, Ihr Schiff hindurchzulenken, ohne außer Gefecht gesetzt zu werden.

Die Gefühle von Anziehung und Abstoßung maximal nutzen

Meistens stellen wir uns Anziehung und Abstoßung als von außen kommende Kräfte vor, die uns in alle möglichen Richtungen drücken und ziehen – wie die Forderungen der Familie, das Geldverdienen, Kinder aufziehen, sogar die Politik –, aber wir erfahren diese Kräfte auch innerlich. Uns von etwas abstoßen und etwas anderes zu uns herziehen sind zwei primäre Energiequellen, die zeigen, was uns motiviert. Wenn wir gestoßen werden, bewegen wir uns hauptsächlich von etwas weg, und wenn wir gezogen werden, nähern wir uns einer Sache an. Um dorthin zu gelangen, wohin wir wollen, brauchen wir sowohl Abstoßungs- wie Anziehungskräfte – und die können wir uns zunutze machen.

Um die Motivation zu gewinnen, die Sie brauchen, um Ihren Lebenssinn zu erforschen, müssen Sie in einem ersten Schritt überlegen, wovon Sie sich entfernen und wohin Sie sich bewegen wollen.

Jordan nutzte die Abstoßung, um schädliche Entscheidungen, negative Überzeugungen und seine gegenwärtige Tatenlosigkeit hinter sich zu lassen. Dabei wandte er die Fähigkeiten an, die Sie in den vergangenen Kapiteln erlernt haben, wie die Veränderung des Mindsets, das Abbauen von Denkfallen und das Entwickeln von Mikrozielen. Dann benutzte er die Anziehungskräfte seiner Stärken: seiner Kreativität, seines Sinns für Schönheit und Qualität, seines Lerneifers und seiner sozialen Intelligenz. Sobald er gelernt hatte, diese Stärken in ein Gleichgewicht zu bringen, konnte er ein erfülltes, sinnvolles Leben angehen.

Genauso haben Sie vielleicht bereits die Kraft der Abstoßung genutzt, um aus Ihrem Depressionsloch herauszukommen. Wenn Sie sich Ihrer Hemmnisse entledigen, wird Ihr Bewusstsein vom Grübeln befreit, und Sie werden wieder, was Sie von Natur aus sind. Sie lösen sich von einer Gewohnheit und kehren zu größerer Natürlichkeit zurück. Sie sind nicht dafür gemacht, in einer Depression feststecken, und Ihre Stärken bieten die Zugkraft, die Sie brauchen, um sich Richtung Hoffnung auf den Weg zu machen.

Die Anziehung eines echten Ziels spüren

Wenn wir uns berufen fühlen, etwas zu tun, werden wir davon angezogen. Wenn wir dieser Anziehungskraft folgen, bekommt unser Leben einen tieferen Sinn, und wir gewinnen die Kraft, dieses Ziel zu erreichen. Wer eine Berufung hat, also etwas, das seinem Leben Bedeutung gibt, transzendiert die Fallstricke und Pfeile von Versagen, Enttäuschung und Rückschlägen, weil er oder sie von etwas Größerem beseelt wird.[1] Das bedeutet keineswegs, dass es keine Enttäuschungen oder Frustrationen mehr gibt, aber die werden ausgeglichen durch die große Zuversicht, die einen auf dem Weg dahin antreibt.

Lassen Sie sich also beeinflussen von der Zugkraft. Wo zieht es Sie hin, was möchten Sie erreichen, schaffen, ausdrücken, sein, tun? Wie wollen Sie Ihr Lebensziel formen?

Angela Duckworth[2] bietet als Hilfestellung folgende Parabel: »Drei Maurer werden gefragt: ›Was machen Sie da?‹ Der erste antwortet: ›Ich baue eine Mauer.‹ Der zweite sagt: ›Ich baue eine Kirche.‹ Und der dritte sagt: ›Ich baue das Haus Gottes.‹ Der erste Maurer hat einen Job. Der zweite hat einen Beruf. Der dritte eine Berufung.« Das Frappierende ist aber, dass alle drei Maurer für einen Außenstehenden dasselbe tun. Der Unterschied liegt nur in ihrer eigenen Wahrnehmung ihres Tuns.

Der Maurer, der einen Job hat, betrachtet seine Arbeit als Mittel zum Zweck. Er wird eher angeschoben, sie zu tun, nicht so sehr davon angezogen. Sind Ihre Haushaltsaufgaben, Ihr Job oder Ihre Rolle ähnlich? Haben Sie das Gefühl, Sie müssten sie eher aus Notwendigkeit als aus Leidenschaft erledigen? Vielleicht sind Sie eher wie der Maurer, der einen Beruf hat. Füllen Sie Ihre Rolle aus, weil Sie gut darin sind und weil sie einen Teil Ihrer Identität ausmacht? Das kann zwar motivierend sein, hat aber immer noch mehr mit Schub als mit Anziehung zu tun.

Stellen Sie sich vor, Sie kommen jeden Tag belebt und inspiriert an Ihren Arbeitsplatz. Stellen Sie sich vor, die Tätigkeit ginge Ihnen mühelos von der Hand und mache Spaß. Wie Nietzsche sagt: »Wer ein Warum hat zu leben, erträgt fast jedes Wie.« In Kürze werde ich Sie anleiten, die Dinge zu finden, die mit solcher Kraft nach Ihnen rufen, dass sie Sie in die Zukunft ziehen, in der Sie leben möchten.

Kleine Erfolge bauen Zuversicht auf

Jordan musste hart arbeiten, um diese Wegmarke zu erreichen. Zu Anfang bat ich ihn, jeden Tag drei Dinge aufzuschreiben, für die er dankbar war, genau wie ich Sie gebeten habe. Nach und nach wurde es ihm zur Gewohnheit, nach Dingen zu suchen, für die er dankbar sein konnte, und die Liste wuchs. Nachdem er zunächst einfach nur dankbar für den Tag gewesen war, begann er die Beziehungen wahrzunehmen, die er bei den Anonymen Alkoholikern geknüpft hatte, er würdigte die Fähigkeit der Ärzte, die ihm geholfen hatten, wieder gesund zu werden, er war seinem Arbeitgeber dankbar, und so ging es weiter.

Dann setzten wir ein paar Mikroziele. Jordan schämte sich, dass er keinen Schulabschluss hatte, und die Kaskade von negativen Überzeugungen und Denkfallen, die dieser Scham zugrunde lagen, war riesig. Aber ebenso, wie derartige Denkfallen sich zusammenschließen, um uns zu unterdrücken, können sie wie Dominosteine fallen, wenn eine davon kippt. Wenn eine negative Überzeugung sich wandelt, gewinnen wir die Zuversicht, dass auch unsere anderen Gedanken in Frage gestellt werden können. Jordan wählte die beiden Denkfallen aus, die seine größten Stolpersteine zu sein schienen: *Ich bin zu dumm*, und: *Ich kann machen, was ich will, es ändert sich ja doch nichts.*

Genau wie Sie im vorigen Kapitel setzte Jordan sich Mikroziele; kleine Ziele, die folgendermaßen aufeinander aufbauten: herausfinden, wo und wie man sich auf den *General Educational Development Test* vorbereiten kann, eine Informationsveranstaltung finden, an der Sitzung teilnehmen, sich für den Unterricht einschreiben und schließlich den Unterricht besuchen.

Auch Ihre Mikroziele können Ihnen Möglichkeiten eröffnen, und die Summe der Erfolgserlebnisse kann Ihre Denkfallen Lügen strafen. Das ermöglicht Ihnen, sich mehr für Ihr Leben vorzunehmen und eine reale Zuversicht aufzubauen, dass Ihre Vorhaben auch erreichbar sind.

Mit kleinen Schritten große Möglichkeiten schaffen

Mit Hilfe von Mikrozielen können wir uns von negativen Gedanken, Überzeugungen und Verhaltensweisen lösen. Wir können lernen, Entscheidungen zu treffen, die destruktive Glaubenssätze umstoßen, uns aus der Negativität befreien und uns unserem Lebensziel und einem Lebenssinn näherbringen. Dafür ist es entscheidend, Methoden zu finden, wie wir überhaupt nicht mehr auf das Depressionsgleis geraten.

Was sind die ersten Anzeichen depressiver Gedanken und Handlungen? Wenn man die ersten Anzeichen von Niedergeschlagenheit erkennt und abfängt, hat man schon viel erreicht, um eine Depression zu umschiffen. Nach Ansicht der Kliniker gehen einer Depression oft Angstgefühle voraus, die sie dann begleiten. Vielleicht ist Ihnen aufgefallen, dass Angstgefühle, die zu lange andauern, sich gerne zu einer Depression auswachsen. Das ist der häufigste Ablauf: Unsere Situation lässt Angstgefühle hochkochen, und das führt zur Depression.

Es ist schwierig, über Ziel und Sinn unseres Lebens nachzudenken, wenn wir ständig mit Angst- und Depressionsgefühlen zu kämpfen haben. Wir wollen uns rechtzeitig mit diesen Gedanken befassen, denn wie der Hoffnungszirkel voraussagt, von dem in Kapitel 1 die Rede war, kann das zu lange Verharren in einem schmerzlichen Zustand bewirken, dass wir uns so hoffnungslos fühlen, als würden sich die Dinge nie wieder verändern.

Ein Mikroziel ist, bestimmte Körperfunktionen anders zu interpretieren. Je früher Sie eine Entscheidung für eine negative Interpretation Ihres körperlichen Erlebens umlenken können, desto leichter ist es, Gefühle der Zuversicht wachzurufen. David Clark, Psychologe aus Oxford, brachte seinen Klient*innen bei, ihre Körperwahrnehmung konstruktiver zu interpretieren, indem sie ihre Ängste umformulierten mit Sätzen wie: »Nervosität vor Prüfungen fokussiert die Konzentration«, oder: »Ein bisschen mehr Adrenalin verbessert das Bewerbungsgespräch.«[3] Seine Klient*innen lernten, ihre körperlichen Angstreaktionen anders zu sehen, und damit konnten sie ihre Symptome in Vorteile verwandeln – was sie davon abhielt, sich immer mehr Sorgen zu machen und schließlich in Panik zu geraten. Sie verzichteten darauf, auf hilflos zu schalten, was zu bedeutend besseren Resultaten führte.

Wenn Sie trainieren, Angstsymptome (Unruhe, rasende Gedanken, Zittern) als Anzeichen dafür zu deuten, dass Ihr Körper Sie auf die vor Ihnen liegende Aufgabe vorbereitet, dann treten Sie Herausforderungen mit deutlich größerer Bereitschaft entgegen und haben Erfolg. Wenn Sie nicht zulassen, dass Sie Ihre Reaktionen ausschließlich negativ interpretieren, dann bleibt nicht mehr viel, was Sie hemmen kann.

Ich habe mehrere Schauspielerinnen auf diese Weise auf ihr Vorsprechen vorbereitet. Statt ihre Körperreaktionen als Ängstlichkeit zu interpretieren, erkannten sie, dass sie sich damit nur vorbereiten, ihr Bestes zu geben. Diese Denkweise hilft ihnen unweigerlich bei ihrer Darbietung. Das kann bei Ihnen ganz genauso funktionieren, wenn Sie herausfinden, was Sie zu einem erfüllten Leben hinzieht.

Selbstexploration

Was soll hauptsächlich von Ihnen in Erinnerung bleiben?

Um einen Lebensinhalt und -sinn zu finden, ist es hilfreich, eine andere Perspektive einzunehmen und so ein besseres Verständnis dafür zu gewinnen, wo man im Leben steht. Für diese Übung brauchen Sie Ihr Tagebuch.

Schritt 1: Schreiben Sie zunächst die drei wichtigsten Dinge auf, die Sie in den letzten 24 Stunden getan haben, und warum Sie sie wichtig finden.

Schritt 2: Dann versetzen Sie sich in die Zukunft und schreiben eine realistische »Autobiografie«, so kurz oder lang, wie Sie mögen. Fangen Sie mit einer Ideensammlung für den Titel an. Überlegen Sie, wofür Sie am bekanntesten wären. Schreiben Sie auf, was Sie unternommen haben, um dahin zu kommen, wo Sie jetzt sind. Erwähnen Sie, welche Hindernisse Sie überwunden haben, und betonen Sie in dieser Autobiografie Ihre Stärken. Bedauern Sie irgendetwas? Gibt es Dinge, die Sie gerne gemacht hätten? Worauf sind Sie besonders stolz? Was war der Wendepunkt für Sie?

Schritt 3: Jetzt schauen Sie sich die Liste aus den letzten 24 Stunden an und vergleichen Sie sie mit Ihrer Autobiografie. Passt beides zusammen? Leben Sie Ihr Leben Tag für Tag so, wie Sie den Leuten im Gedächtnis bleiben wollen? Denken Sie darüber nach und schreiben Sie Ihre Gedanken auf, vor allem, wenn Sie Handlungen identifizieren, die sich verändern müssen, damit die Geschichte der Biografie mit Ihren tagtäglichen Aktivitäten übereinstimmt.

Die Forschung hat gezeigt, dass das Schreiben von »Autobiografien« den Menschen hilft, ihr Potenzial unmittelbar zu verwirklichen, da es wie unter einem Vergrößerungsglas sichtbar macht, was ihnen in ihrem Leben wichtig ist.[4] Das regelmäßige Führen eines Tagebuchs hält uns in der Spur. Es hat wohl mehr als achtzig positive Effekte und vermindert daneben auch Depressionssymptome.[5] Wenn man sein Leben aus der biografischen Pers-

> pektive betrachtet, kann man eine positive Erwartung auf eine selbstbestimmte Zukunft entwickeln, und die Rückschau zwingt uns, einen Vergleich anzustellen zwischen unserer jetzigen Position und der, die wir anstreben – und dann zu versuchen, beides in Einklang zu bringen.[6] Wenn wir unser Handeln verstärken oder korrigieren, geben wir unserem Leben ein Ziel und einen Sinn, denn wir streben das an, für das man uns in Erinnerung behalten soll.

Als Jordan sich immer mehr aus der Depression herausarbeitete, wuchs sein Wunsch, den *General Educational Development Test* (GED) zu machen, und entwickelte eine starke Zugkraft. Wir machten ein Rollenspiel, in dem er sich vorstellen sollte, wie es sich anfühlen würde, wenn er das Abschlusszeugnis ausgehändigt bekam und seinen Namen darauf sah. Wir machten das oft, und jedes Mal musste er dabei weinen. Wir machten ein bestmögliches Selfie von dem Zeugnis, das er auf sein Handy klebte. Er konnte den Stolz spüren, und er begann allmählich, die Sache für möglich zu halten. Jordan konnte sich eine selbstbestimmtere Zukunft vorstellen, und er befreite sich aus seinen Denkfallen. Endlich hatte er Zuversicht.

Als er zehn Jahre lang trocken war, kamen Jordans drei Töchter zur Feier des Jahrestags in seine Wohngemeinschaft. Sie brachten auch einen Kuchen mit, um noch etwas zu feiern: Er hatte soeben sein GED abgeschlossen. Dass er sein Alkoholproblem überwunden hatte, indem er dem Motto der Anonymen Alkoholiker »Einen Tag nach dem anderen« gefolgt war, und dass er sein GED-Zeugnis in der Tasche hatte, zeigte Jordan, dass seine negativen Überzeugungen über sich selbst falsch gewesen waren. Er war klug genug, und er hatte sich selbst bewiesen, dass die Dinge sich doch ändern können.

Mit Taten Gefühle beeinflussen

Wie können auch Sie diesen Punkt erreichen? Wir glauben, dass unsere Gedanken und Gefühle körperliche Reaktionen auslösen, aber es funktioniert auch umgekehrt. Wir können mit Handlungen unsere Gedanken verändern, indem wir »so tun als ob«. Sie können auf eine Weise handeln, die Sie inspiriert, sich gut zu fühlen.

Ich nenne das die Schauspielkur.[7] Sie vereint Techniken aus dem Psychodrama, der Dramatherapie und dem Rollenspiel, um Gefühle zu transformieren. Diese Wirkung hält weit über die Übung hinaus an und wächst sogar, denn Rollenspiel-Methoden rühren an das Zentrum der Emotionen. Die meisten von Depression betroffenen Menschen sind nicht nur in repetitiven Gedanken gefangen (ständiges Wiederholen von Worten), sondern ebenso in repetitiven Szenen (ständig laufen dieselben schmerzhaften Filme im Kopf ab). Mit Hilfe des Psychodramas und anderer darstellerischer Methoden dekonstruieren wir diese Szenen und ersetzen sie durch andere: durch Szenen, die Zuversicht schaffen.

Indem Sie sich mit den echten Gefühlen und Erinnerungen, die Sie verändern wollen, kurzschließen, statt nur über ein Bild oder Gefühl und mögliche Verbesserungen zu *reden* – fühlen und verändern Sie sie gleichzeitig. In Kapitel 4 habe ich Ihnen als Hilfsmittel die *embodied cognition* vorgestellt, um zu darzustellen, wie Gedanken unser gesamtes Sein betreffen, einschließlich unseres Körpers. Gedanken entstehen nicht nur in unserem Gehirn – sie werden beeinflusst, ja sogar beherrscht von unseren Erfahrungen in der physischen Welt.

Andere Therapiemethoden setzen beim Heilungsprozess auf eine ähnliche Taktik, sich Szenen erneut vorzustellen, aber die physische Darstellung verstärkt und beschleunigt diesen Prozess – ganz besonders, wenn man nonverbale Methoden besser verarbeiten kann. Da unsere Gefühle sich entwickeln, ehe wir der Sprache mächtig sind, kann ein Kind drei, vier oder fünf Jahre brauchen, bis es über das Vokabular verfügt, um zu beschreiben, was es seelisch und körperlich fühlt. Das führt oft dazu, dass der Körper schmerzliche Erinnerungen speichert. Der führende Traumaforscher Bessel van der Kolk befürwortet Psychodrama, Yoga und andere nonverbale Methoden als direktere Mittel, unsere schmerzvollen Erinnerungen zu erschließen.

Diese Methoden entfalten eine starke Wirkung. Meine frühe Arbeit damit hat mir gezeigt, wie sehr sie traumatisierten Menschen und solchen Patient*innen helfen kann, die die meisten Mediziner*innen für unheilbar halten. Viele davon waren psychisch und geistig behindert und verfügten nur über begrenzte verbale Verständigungsmöglichkeiten, so dass man mit Worten nicht zu ihren Problemen vordringen konnte. Nachdem wir gesunde Szenen geprobt und Szenen aufgeführt hatten, in denen sie sich unterstützt fühlten, konnten Patient*innen, von denen man angenommen hatte, sie müssten ihr Leben lang in der Klinik bleiben, in betreute Wohngemeinschaften umziehen. Diese Methoden werden bei geistiger Behinderung ziemlich häufig eingesetzt, und ich habe ausführlich in Zeitschriften darüber geschrieben und den Ursprung dieser Methoden auch in einem Memoire beschrieben: *American Snake Pit. Hope, Grit, and Resilience in the Wake of Willowbrook* (Die amerikanische Schlangengrube: Hoffnung, Courage und Resilienz nach Willowbrook),[8] Amerikas schlimmste Nervenklinik.

Psychodrama und Rollenspiel steigern und vertiefen die Möglichkeiten, wie die Positive Psychologie in Psychotherapie, Pädagogik, beim Coaching und beim Heilen eingesetzt werden kann. Wenn wir eine Methode anwenden, die auf Handeln beruht, wie in den Übungen dieses Kapitels, wächst unsere Fähigkeit, uns zu verändern.

Spielen Sie sich aus der Depressionsfalle heraus

Wir haben nicht nur Denkfallen – wir haben auch *Handlungsfallen*. Um eine Vorstellung davon zu bekommen, wie stark Handlungsgewohnheiten in Ihrem Leben verankert sind, ohne dass Sie es merken, versuchen Sie einmal bei der nächsten Dusche, Ihre Routine absichtlich durcheinanderzubringen. Wenn Sie sich zuerst die Haare waschen, tun Sie es jetzt am Schluss. Wenn Sie mit dem Einseifen normalerweise am Hals anfangen, dann fangen Sie jetzt mit den Zehen an. Wenn Sie mit der rechten Hand die Zähne putzen, dann tun Sie es jetzt mit der linken. Unsere Gewohnheit, etwas auf bestimmte Weise zu tun, fällt nur auf, wenn wir es anders machen. Wir merken nicht einmal, dass wir in einer Handlungsfalle sitzen, wenn wir unser Handeln nicht in Frage stellen und absichtlich etwas anders machen.

Negative Handlungsfallen sind Verhaltensroutinen, die uns schaden. Gewöhnlich sind uns solche Routinen kaum bewusst, aber sie fesseln uns an ein Verhaltensmuster, das die Depression aufrechterhält. Oft gehen diese Handlungsfallen Hand in Hand mit unseren Gedanken, um uns zu hemmen. Wir essen vor dem Fernseher zu Abend, statt einen Spaziergang zu machen – und dann reden wir uns ein, wir müssten uns ausruhen. Die Handlungsfallen sind die dunkle Seite des »als ob«-Prinzips. Wenn wir uns verhalten, *als ob* wir müde und unbeteiligt wären, tritt genau das ein. Auf diese Weise können wir uns bis zum Sankt-Nimmerleins-Tag etwas vormachen.

Das von mir beschriebene Schauspielen nutzt Darstellung und Rollenspiel, um Dinge zu erforschen oder zu transformieren. Es funktioniert ähnlich wie die Redensart »jede Bewegung ein neuer Gedanke«. Es hilft uns, Handlungsfallen abzubauen, indem durch positive Darstellungen Gedankenmuster verändert werden. Es besteht eine Verbindung zwischen den Worten, die man denkt, und dem, was man tut. Wenn die Gedanken stecken bleiben, tut es auch der Körper.

Sie haben das in der Explorationsübung »Fragen Sie Ihr wohlwollendes Selbst um Rat«[9] in Kapitel 4 bereits ausprobiert. Wenn Sie einen Aspekt Ihrer Persönlichkeit verkörpern, können Sie Ihre Erfahrung verstärken, die Dinge von einer neuen Seite sehen und Ihren Blickwinkel verändern. Das wird jedes Mal passieren, wenn Sie eine Rolle spielen, denn diese befreit Sie von Ihrem festgefahrenen Selbst und eröffnet Ihnen einen Weg, andere Daseinsmöglichkeiten auszuprobieren.

Die beiden folgenden Übungen sollen Ihnen helfen, kleine Schritte zu unternehmen, die einen großen Unterschied für die Sinnhaftigkeit Ihres Lebens machen, da sie sich auf die Vergangenheit, Gegenwart und Zukunft beziehen. Als Vorbereitung für diese Übungen stellen Sie drei Stühle hintereinander auf – Sitzfläche an Lehne –, die Ihre Zukunft (vorderer Stuhl), Gegenwart (mittlerer Stuhl) und Vergangenheit (hinterer Stuhl) bezeichnen.

Selbstexploration
Die Vergangenheit, die Sie auf dem Weg zum Jetzt durchgemacht haben

Diese Übung wird Sie daran erinnern, wie Sie in der Vergangenheit Schwierigkeiten überwunden haben. Sie werden sich auch an alles erinnern, das Ihnen hilft, um eine beliebige Situation oder ein Mindset zu ändern. Sie brauchen hierfür erneut Ihr Tagebuch.

Schritt 1: Setzen Sie sich mit Ihrem Tagebuch auf Ihren Gegenwartsstuhl (den mittleren). Schreiben Sie mindestens drei positive Dinge in Ihrem Leben auf, die vor zehn Jahren noch nicht vorhanden waren. Denken Sie an Menschen, Erfahrungen, Arbeitsstellen, Anschaffungen, Gelegenheiten und Umstände, die Ihnen gefallen – und die es vor zehn Jahren noch nicht gab. Machen Sie die Liste so lang, wie Sie mögen, aber schreiben Sie mindestens drei Beispiele auf.

Schritt 2: Setzen Sie sich in den Vergangenheitsstuhl (den hinteren). Denken Sie an drei Dinge, die damals – vor etwa zehn Jahren – nicht gut liefen, sich aber irgendwie zum Besseren entwickelt haben. Schreiben Sie nur drei davon auf.

Schritt 3: Drehen Sie den mittleren Stuhl herum, setzen Sie sich darauf und blicken Sie Ihrer Vergangenheit ins Auge. Sprechen Sie mit Ihrem vergangenen Selbst. Erinnern Sie sich daran, wie Sie mit den drei Dingen umgegangen sind, die nicht gut liefen.

* Was haben Sie getan, um unbeschadet in die Gegenwart zu kommen?
* Welchen neuen Leuten sind Sie begegnet, die Ihnen halfen, etwas zu verändern?
* Aus welchen Ressourcen haben Sie geschöpft?
* Welche Risiken haben Sie in Kauf genommen?
* Wie haben Sie die Kontrolle (zurück-)gewonnen?
* Welche Ihrer Stärken haben Sie genutzt, um die Schwierigkeiten zu überwinden?
* Welche Unterstützung sozialer oder spiritueller Art war vorhanden?
* Auf wessen Unterstützung konnten Sie sich verlassen?
* Welche Mikro- oder großen Ziele halfen Ihnen durchzukommen?

> Beantworten Sie diese Fragen und schreiben Sie auf, was Ihr Gegenwarts-Ich Ihrem Vergangenheits-Ich zu sagen hat.
>
> **Schritt 4:** Schauen Sie sich die Liste an und denken Sie über die Kompetenzen nach, die Sie in der Not aktiviert haben. Unterstreichen Sie sie. Was fällt Ihnen an Ihren Antworten auf? Vielleicht war da eine Person, deren Unterstützung eine wirkliche Hilfe war. Vielleicht ist Ihnen eine unerwartete Begegnung oder Verbindung eingefallen, die eine positive Kurskorrektur zur Folge hatte. Vielleicht haben Sie sich von Dingen verabschiedet, die keinen Sinn mehr machten. Schreiben Sie Ihre Überlegungen und Erkenntnisse auf.

Wenn wir negative Gedanken wiederholen und über unser Unglück nachgrübeln, fällt es schwer, uns an die Transformationen zu erinnern, die uns wohlgetan haben. Diese Übung verändert, ähnlich der umgekehrten Duschroutine, unseren Blickwinkel und hebt dadurch hervor, was wir gut gemacht haben. Sich die Vergangenheit unter dem Aspekt anzuschauen, was gut funktioniert hat, ist nützlich und zeigt, was man in der Gegenwart vielleicht genauso machen könnte.

Wenn man selbst sieht, was sich verändert hat, verfügt man über einen stichhaltigen Beweis, auf den man jederzeit zurückgreifen kann. Jedes Mal, wenn man entscheidet, wie man auf eine Situation, ein Gefühl oder Ereignis reagieren will, wählt man aus zwischen einer zuversichtlichen Reaktion, einer Denkfalle, einer Handlungsfalle oder einer negativen Interpretation. In diesem Kapitel möchte ich Ihnen die Kraft und die Fähigkeit vermitteln, früh in Ihr Denken einzugreifen, damit Ihre Entscheidungen und Handlungen den Weg Richtung Hoffnung einschlagen. Wenn Sie auf diese Weise gleich zu Anfang intervenieren, behalten Sie die maximale Kontrolle. Damit bemühen Sie sich nicht um Schmerzvermeidung, sondern Sie gestatten Ihrem Schmerz erst gar nicht, Ihr Wohlergehen zu beherrschen. Wenn Sie es aus einem Depressionsloch herausgeschafft haben, ist es diese Fähigkeit, die einen Rückfall verhütet.

Letzten Endes sind Rollen- und »So-tun-als-ob«-Spiele Proben für das wirkliche Leben. Jacob Moreno, der Begründer von Psychodrama, Gruppenpsychotherapie und der Soziometrie, beschrieb das Psychodrama genauso und betrachtete die Magie des »als ob« als ein Fortschreiten, in dem das »ob« allmählich wegfällt und nur noch das »als« übrig bleibt.[10]

Dass Jordan es geschafft hatte, trocken zu werden und seinen GED-Test zu bestehen, bewies ihm, dass er – und das Leben – sich tatsächlich verändern konnte, und dieses Wissen gab ihm mächtig Auftrieb. Ihm fiel ein, dass er bei dem vornehmen Haus, das er früher besessen hatte, die gesamte Gartengestaltung, inklusive der Verlegung und dem Aufmauern von Steinen, Ziegeln oder Platten, selbst gemacht und dass es ihm enormen Spaß bereitet hatte. Er fühlte sich erneut von dieser Art Kreativität angezogen und las alle Literatur über Landschaftsarchitektur und Steinmauern, die er in der Bibliothek finden konnte. Dieses Interesse ließ nicht nach, vermutlich, weil es seine drei größten Stärken nährte: Kreativität, Lernbegierde und Sinn für Schönheit und Qualität.

Bald kam die Zeit für ihn, seine Leidenschaft in eine Geschäftsidee umzuwandeln. Für den Einstieg lieh er sich Geld von einem Bekannten bei den Anonymen Alkoholikern, und seine Firma wuchs ebenso schnell wie früher sein Drogengeschäft. Jordan besaß eine sehr hohe Sozialintelligenz, er wusste instinktiv, wie man an Leute herantritt und Verbindungen herstellt. Er gründete eine GmbH und hatte innerhalb eines Jahres zehn Angestellte und drei Lastwagen.

Als er das Darlehen zurückzahlte, meinte sein Freund, er solle das Geschäft »Von Koks zu Buchs« nennen.

Da Jordan nun Tag für Tag einer sinnstiftenden Arbeit nachging, empfand er sein Leben als erfüllend. Er hatte nach einem totalen Zusammenbruch sein Leben wieder aufgebaut – diesmal in einer positiven, zukunftsträchtigen Richtung. Und das begann damit, dass er sein persönliches »Warum« zu identifizieren begann.

Wie findet man sein »Warum«? Durch welche Mittel kann man einen Lebenssinn formen, so dass man sich von etwas Größerem angezogen fühlt? Denken allein genügt da nicht. Erst in der Aktion wird unser Lebenssinn vielversprechend sichtbar. Hoffen ist ein »Tunwort«. Durch Tun enthüllt sich unser Lebenssinn.

Selbstexploration

Von der Gegenwart in die Zukunft, die Ihnen bestimmt ist

Stellen Sie den mittleren Stuhl (Gegenwart) so auf, dass er zur Lehne des vorderen Stuhls (Ihre Zukunft – Ihr Selbst, wie es gedacht ist) schaut. Der Zukunftsstuhl schaut von der Gegenwart weg. Suchen Sie sich aus, wie weit in der Zukunft Sie sein wollen. Zwei Jahre? Fünf? Für diese Übung sollten es weniger als zehn Jahre sein. Je nachdem, wie weit in der Zukunft Sie sitzen wollen, stellen Sie den Stuhl in gebührender Entfernung vom Gegenwartsstuhl auf. (Wenn es sich um ein Jahr handelt, bleibt er dichter am mittleren Stuhl als bei fünf Jahren.)

Schritt 1: Setzen Sie sich auf den Zukunftsstuhl und schreiben Sie auf, was für ein Leben Sie gerade führen, als würden Sie es bereits erleben. Erinnern Sie sich an Ihre Biografie in der vorigen Übung, in der Sie aufschrieben, wie Sie den Menschen im Gedächtnis bleiben wollen. Sie können so viel Sie mögen über Ihr zukünftiges Selbst auflisten. Es ist nur notwendig, dass Sie daran glauben, dass diese Dinge in der Zeit, die Sie sich vorgenommen haben, Wirklichkeit werden können. Beispielsweise würden Sie sich kein zukünftiges Selbst ausdenken, das innerhalb eines Monats 40 Kilo abgenommen hat. Einige Beispiele sind: »Ich sitze auf dem Steg am See vor meinem neuen Haus, genieße die Aussicht und trinke meinen Morgenkaffee«; »Ich mache ein Diplom in Buchhaltung und habe bereits ein gutes Jobangebot in der Tasche«; »Ich bin bei Leuten, die ich bewundere, zu einer Party eingeladen«.

Schritt 2: Danach drehen Sie den Zukunftsstuhl um, so dass er dem Gegenwartsstuhl gegenübersteht. Bleiben Sie im Zukunftsstuhl sitzen und sprechen Sie mit Ihrem Gegenwarts-Selbst. »Erinnern« Sie es daran, auf welche Weise Sie zu dem Zukunfts-Selbst geworden sind, das Sie werden wollten.

* Welche Handlung hat Ihnen ermöglicht, diese Zukunft zu erreichen?
* Was haben Sie an Kontrolle über Ihr Leben gewonnen, um dies auf den Weg zu bringen?
* Wie haben Sie die Kontrolle übernommen?
* Welche Ressourcen konnten Sie nutzen?
* Welche Risiken haben Sie auf sich genommen?
* Auf wessen Unterstützung konnten Sie sich verlassen?
* Inwieweit haben Sie Ihre Ziele modifiziert?
* Welche Erfolge haben Ihnen Türen und Möglichkeiten eröffnet?
* Welche Gedanken, Menschen oder Handlungen mussten Sie austauschen?

Beantworten Sie – von Ihrem Platz in der Zukunft aus – so viele dieser Fragen wie möglich und erzählen Sie, wie befriedigend Sie Ihr Leben finden. Schreiben Sie unbedingt diesen Rückblick auf, als fassten Sie alles für die Gegenwart zusammen. Sobald Sie verraten haben, wie Sie die Person geworden sind, als die Sie »bestimmt« sind, gewinnen Sie ein Gefühl dafür, wie es ist, eine solche Zukunft zu haben.

Schritt 3: Sitzen Sie im Zukunftsstuhl, »als ob« all das gerade geschähe. Was hat Sie dazu gebracht, ein sinnerfülltes Leben zu führen? Achten Sie besonders auf Ihren Körper und wie es sich anfühlt, die Dinge zu tun, für die Sie geschaffen sind. Wie atmen Sie, wenn Sie so sind, wie Sie bestimmt sind? Wie sitzen Sie? Wo spüren Sie Kraft in Ihrem Körper? Was fällt Ihnen am stärksten auf, wenn dieses Gefühl von Erfüllung und Lebenssinn erwacht?

Können Sie Ihre Zukunft als etwas erkennen, das eintritt, weil Sie die Kontrolle übernommen haben? Sie haben dafür bewusst Veränderungen herbeigeführt, frühere Gefühle, die sich negativ hätten auswirken können, neu interpretiert und sich unbeirrbar ihrer Zugkraft angenähert. Wenn wir über die zentralen Elemente nachdenken, die Essenz eines befriedigten und fruchtbaren Lebens, können wir uns ihm durch Entscheidungen und Handlungen annähern. Tal Ben-Shahar leitete das größte Seminar, das es in der Geschichte des Psychologie-Fachbereichs in Harvard je gegeben hat: über Glück. Er forderte seine Student*innen auf, sich vorzustellen, sie säßen in einer Zeitmaschine und ihr 110-jähriges Selbst könnte ihr heutiges Selbst anrufen. Diese Art der Zukunftsprojektion ist von dem Psychologen Arnold Lazarus als Technik zur Depressionsbekämpfung identifiziert worden.[11]

Mit einem Lebensziel kann man leichter durchs Leben surfen und eine Welle zum Reiten erwischen. Es macht nicht so viel aus, wenn Sie länger stehenbleiben, denn wenn Sie einmal ausprobiert haben, wie befreiend es sich anfühlt, innerhalb dieser Riesenkraft das Gleichgewicht zu halten, kommen Sie, sollten Sie fallen, immer gleich wieder hoch.

Im zweiten Jahr wuchs und gedieh Jordans Firma weiter, und ganz allmählich gewöhnte Jordan sich an den Lebensstil der Mittelklasse. Er fühlte sich gut und hatte Erfolg, aber uns beiden fiel auf, dass er zwanghaft arbeitete – er konnte nicht abschalten. Manche Leute meinten, inzwischen sei er süchtig nach Arbeit. Er benutzte seine Stärken im Übermaß, und wir besprachen Möglichkeiten, wie er mit seinem Erfolg klarkommen konnte. Er machte einen Yogakurs, um mehr über Meditation zu lernen. Seinem Leben fehlte die Balance, aber beim Yoga fühlte sich Jordan wie ein Fisch im Wasser. Er schloss Freundschaften und lernte Frauen kennen und fing auch vorsichtig an, mit ihnen auszugehen. Er probierte verschiedene Yogastudios aus, und unter den Anonymen Alkoholikern und den Yogaanhängerinnen fand er jede denkbare Unterstützung für sein nachhaltiges Wohlbefinden.

Innerhalb von etwa drei Jahren hatte Jordan sich von einem nahezu hoffnungslosen Wrack zu einem Menschen entwickelt, der ein vielbeschäftigtes und hoffnungsfrohes Leben führte. Wenn wir uns in einem selbstbestimmten Leben engagieren, das unseren Stärken entspricht, dann folgen Lebenssinn und Erfüllung automatisch nach und tragen uns durch alle Herausforderungen.

Wenn wir uns die Zeit nehmen, zu erforschen und zu evaluieren, wie es sich anfühlen könnte, in einem solchen Erfolgsraum zu existieren, setzt das Kräfte in uns frei. Durch die *embodied cognition* können die Rollen und physischen Eigenschaften, die zu diesen Veränderungen gehören, zu Kraftquellen werden, mit denen wir uns unserer neuen Identität immer wieder vergewissern und diese stärken können. Während Sie sich dem Hauptanziehungspunkt Ihres Lebens annähern, sollten Sie einen Ratschlag des Beat-Poeten Allen Ginsberg beherzigen: »Erinnere dich an die Zukunft!«[12]

Damit ist es an der Zeit, uns die kraftvollste aller Entscheidungen vorzunehmen, die wir überhaupt treffen können: Beziehungen in unserem Leben wertzuschätzen.

»*Wir haben das Geschenk der Liebe, aber Liebe ist wie eine kostbare Pflanze. Man kann sie nicht einfach […] im Schrank stehenlassen oder glauben, sie würde von selbst gedeihen. Man muss sie immer gießen. Man muss sich wirklich darum kümmern […].*«

John Lennon

KAPITEL 8

Beziehungen wertschätzen

Erinnern Sie sich an Stacey aus dem zweiten Kapitel? Als sie das erste Mal zu mir kam, war ihre Erwartung: »Wer will sich denn mit einer Zweiundvierzigjährigen verabreden, die zwei Kinder und kein Geld hat?« Sie war fest davon überzeugt, ihre Lebensumstände seien unveränderbar, und sie empfand die Zukunft als Bedrohung. Ihre Situation erschien ihr hoffnungslos. Jetzt möchte ich Ihnen erzählen, wie es ihr weiter erging.

Stacey hatte ihren Mann Tom richtig eingeschätzt. Er erwies sich als ausgesprochen bösartig und nutzte das Rechtssystem, um Stacey zu verletzen und zu quälen. Er war alles andere als großzügig, was die Scheidungsmodalitäten anging, und musste zu jedem Zugeständnis mit rechtlichen Schritten gezwungen werden. Er hielt nur minimalen Kontakt zu den Kindern, und es zeigte sich, dass seine narzisstischen Tendenzen und seine Stellung als Partner in der Kanzlei ihm das Gefühl gaben, er sei unbesiegbar und all seine Ansprüche müssten erfüllt werden: eine gefährliche Kombination.

Während der gesamten Scheidung konzentrierte Stacey sich auf ihre Arbeit als Lehrerin und auf ihre Kinder. Um ihr fixiertes Mindset, bestehend aus Unsicherheit und Negativität, anzugehen, entwarfen wir einen Plan für ihr künftiges Vorgehen. Wir machten alle Übungsschritte durch, die Sie in diesem Buch bisher kennengelernt haben, und dazu gehörte auch die Unterstützung durch das soziale Umfeld.

Sie hatte wundervolle Freundinnen und Freunde in der Arbeit und aus ihrer College-Zeit, daher stellten wir ein Unterstützungsnetzwerk zusammen, so dass sie immer jemanden anrufen konnte, wenn Tom etwas Verletzendes tat. Dann bat ich sie, jeden Tag zu einer unbekannten Person »Hallo« zu sagen. Das widerstrebte ihr zutiefst, aber sie tat es und wurde dadurch weniger zurückgezogen. Nach einem Monat machte es ihr nichts mehr aus. Es wurde zu einer positiven Gewohnheit, die sie nutzte, um ihren Bekanntenkreis zu erweitern.

Toms Sticheleien hörten nicht auf, bis eines Tages eine E-Mail, die Stacey an seine Büroadresse geschickt hatte, zurückkam mit dem Vermerk, dass er der Firma nicht mehr angehöre. Tom hatte eine Affäre mit einer der Rechtsgehilfinnen gehabt, die ihn wegen sexueller Belästigung anzeigte. Anscheinend war diese Affäre kein Einzelfall, weshalb seine Partner sich von ihm trennten.

Stacey machte sich auf den Weg zu ihrem Rechtsanwalt, um mit ihm zu besprechen, was das für sie bedeutete. Vorher ging sie aber noch in ihr Stammcafé. Die Schlange vor dem Tresen war ungewöhnlich lang. Sie sagte »Hallo« zu dem Mann hinter ihr, und auf dem Weg zur Theke plauderten sie ein wenig. Als sie ihren Kaffee mit ihrer Kreditkarte bezahlen wollte, wurde die Zahlung abgelehnt. Sie versuchte es noch einmal – dasselbe Ergebnis. Tom hatte seine Zahlungen gestrichen.

Sie hatte kein Bargeld dabei und war sehr verlegen, aber der Mann, mit dem sie sich unterhalten hatte, bot an, sie einzuladen. Sie dankte ihm, und sie setzten sich an einen Tisch und unterhielten sich weiter. Er entpuppte sich als Witwer und Inhaber einer Restaurantkette, der gerade Grundstücke für mögliche Restaurants inspizierte. Zwei Jahre später heirateten sie auf Hawaii. Staceys Bemühungen, trotz ihrer Depression Verbindungen zu Menschen aufrechtzuerhalten, öffneten ihr eine Tür in die Zukunft.

Vielleicht haben Sie das Gefühl, dass Ihre Depression Sie isoliert und Sie davon abhält, Beziehungen zu anderen Menschen zu knüpfen. Johann Hari, Journalist und Erforscher von Depressionsursachen, hat herausgefunden, dass es umgekehrt ist: Isolation *verursacht* Depression. In seinem Buch *Lost Connections* (»Der Welt nicht mehr verbunden«)[1] fasst er die Forschung über Depression zusammen und kommt zu dem Schluss, dass das Knüpfen von Beziehungen der Weg aus der Depression ist. Nach allem, was wir über die Funktionsweise der erlernten Zuversicht erfahren haben, ergibt das Sinn. Es liegt auf der Hand, dass es für eine nachhaltige Genesung wichtig ist, positive Beziehungen einzugehen und zu pflegen.

Die Verbindung von Beziehungsqualität mit Gesundheit und Wohlbefinden

Wenn die Depression Ihnen alle Energie geraubt hat, dann liegt Ihnen der Gedanke, Freundschaften und Beziehungen zu entwickeln, vielleicht sehr fern. Dennoch ist es wichtig zu erfahren, was die Wissenschaft über den Einfluss guter Beziehungen auf unsere Gesundheit herausgefunden hat.

Eine noch unabgeschlossene Langzeitstudie analysiert seit Jahrzehnten die Gesundheit und Lebenswirklichkeit der Teilnehmenden – sie will herausfinden, was Erfolg und Misserfolg in Berufskarrieren und Ehen verursacht. Sie begann 1938 in der Großen Depression mit 268 Harvardstudierenden im zweiten Studienjahr. 2017 waren nur noch neunzehn Teilnehmende am Leben. Die Daten erweisen, dass viele Elemente, die immer als lebensverbessernd gegolten hatten, wie zum Beispiel Vermögen oder Studium an einer renommierten Universität, nur eine untergeordnete Rolle spielen. Beides führt nicht zwingend zu einem glücklichen Leben. Was wirklich zählt, ist die Qualität unserer Beziehungen.[2]

Robert Waldinger, der gegenwärtige Leiter der Studie, stellt fest: »Überraschenderweise hat sich herausgestellt, dass unsere Beziehungen, und wie glücklich wir mit ihnen sind, starken Einfluss auf unsere Gesundheit haben … Die Leute, die mit fünfzig am zufriedensten mit ihren Beziehungen waren, waren mit achtzig am gesündesten.«[3] Der lebenssprühende Psychiater George E. Vaillant, der 42 Jahre lang die Studie als Direktor leitete, bietet eine noch präzisere Zusammenfassung: »Glück ist Liebe. Punkt.«[4]

Dankbarkeit für Beziehungen

Das meiste, was Sie über die sieben Entscheidungen gelernt haben, die Hoffnung fördern oder einschränken, zeigt, wie sich Ihre Perspektive wandeln und neu justieren kann. Das Gleiche gilt auch für unsere Beziehungen. In diesem Kapitel werden wir uns damit beschäftigen, wie wir vergangene, gegenwärtige und zukünftige Beziehungen auf positive Weise neu ins Auge fassen können, was Ihnen helfen wird, neue Fähigkeiten zu entwickeln und Kontakte zu knüpfen. Dies hilft dabei, einen Rückfall zu vermeiden. Beziehungen spielen oft eine bedeutende Rolle, wenn Menschen in eine Depression abrutschen. Sie können aber ebenso den Weg hinaus bahnen.

Zunächst wollen wir zurückschauen auf Menschen in Ihrem Leben, die gut zu Ihnen waren, Ihnen Liebe bewiesen haben oder auf irgendeine Weise für Sie da waren und denen Sie vielleicht nicht in angemessener Weise gedankt haben. Das kann auch eine Person sein, die immer noch in Ihrem Leben vorhanden ist, jemand, zu dem Sie den Kontakt verloren haben, oder jemand, der schon verstorben ist.

Selbstexploration
Virtueller Dankesbesuch[5]

Wie bei der Übung »Fragen Sie Ihr wohlwollendes Selbst um Rat« stellen Sie zwei Stühle einander gegenüber. Sie können gleich oder unterschiedlich sein und so dicht oder weit entfernt stehen, wie Sie mögen. Ein Stuhl ist für Sie, in den anderen setzen Sie die imaginäre Person, der Sie dankbar sind. Sobald Sie sich die Person vorstellen können, werden Sie vielleicht Ihren Stuhl noch einmal verrücken wollen. Es empfiehlt sich, die Übung mit dem Handy (oder auf einem Tonträger) aufzunehmen, und Sie brauchen definitiv Ihr Tagebuch.

Schritt 1: Setzen Sie sich auf Ihren Stuhl und nehmen Sie sich einen Moment Zeit, sich die Person, der gegenüber Sie Ihre Dankbarkeit ausdrücken werden, deutlich vor Augen zu rufen. Stellen Sie sich vor, dass sie in ihrer gewöhnlichen, typischen Haltung auf dem Stuhl sitzt. Drücken Sie Ihren Dank aus, als würden Sie direkt mit ihr reden, auch wenn sie schon verstorben ist. Nehmen Sie sich Zeit und zählen Sie alles auf, wofür Sie dankbar sind.

Diese Übung wird Ihnen helfen, verlorene positive Gefühle hervorzuholen, und dabei können eine Menge anderer Emotionen ans Licht kommen. Das ist normal. Tränen folgen meist eher auf die Erkenntnis, wie tief unsere Dankbarkeit ist, und müssen nicht notwendigerweise Traurigkeit signalisieren.

Schritt 2: Setzen Sie sich in den anderen Stuhl und werden Sie die Person, der Sie dankbar sind. Nehmen Sie sich einen Augenblick, um sich in sie hineinzuversetzen. Setzen Sie sich in der Haltung, wie sie sitzen würde, und stellen Sie sich vor, wie sie sich fühlt, nachdem sie gerade gehört hat, wie dankbar Sie ihr sind. Antworten Sie als die andere Person, wie es am sinnvollsten erscheint.

Schritt 3: Wechseln Sie wieder zu Ihrem ursprünglicher Stuhl, und wenn Sie der imaginären Person noch etwas sagen wollen, dann tun Sie es jetzt.

Schreiben Sie unmittelbar nach dieser Übung Ihre Gedanken, Gefühle und Einsichten auf. Nehmen Sie sich die Zeit, in Ihren Körper hineinzuhorchen und nachzuspüren, wie Sie diese Erfahrung integrieren. Wie schon zuvor sollten Sie sich einen Augenblick Zeit nehmen, um wahrzunehmen, ob sich in Ihrem Körper etwas verändert hat. Halten Sie so viel von Ihrer Erfahrung fest, wie Ihnen angenehm ist, und achten Sie besonders darauf, wie es sich angefühlt hat, sowohl sich selbst als auch die andere Person zu spielen.

Der virtuelle Dankesbesuch erwuchs aus meiner ersten Arbeit mit der Positiven Psychologie und baut auf einer der ältesten Interventionen der Positiven Psychologie auf, die von Martin Seligman entworfen wurde.[6] Er ließ Studierende einen Dankesbrief schreiben und ihn persönlich abliefern. Die Forschungsstudie erwies, dass nicht nur die Glückswerte der Briefschreibenden stiegen, sondern dass auch ihre Depressionswerte mindestens einen Monat nach der Übung niedriger blieben. Dies war eine der ersten positiven Interventionen, die nachwies, dass ein intentionaler Akt des Wohlergehens über die Übung hinaus einen bleibenden Wohlfühleffekt hatte.

Wie Sie sich aus Kapitel 1 erinnern werden, ist ein Dankesbrief etwas, das ich stark empfehle. Eine E-Mail oder auch nur eine SMS oder Whatsapp-Nachricht ist in der Regel eine Win-win-Aktion. Sie fühlen sich gut, weil Sie sie geschrieben haben, und die empfangende Person freut sich darüber.

Der virtuelle Dankesbesuch erweitert die Wirkung dieser Methode, weil auch die Gefühle der Empfängerin oder des Empfängers mitgedacht werden. Er erweitert auch die Möglichkeiten für Dankbarkeitserfahrungen über den Personenkreis hinaus, der gegenwärtig verfügbar ist.

Kleine Schritte zum Aufbau von Beziehungen

Wenn uns die Depression in die Isolation getrieben hat, kann es eine enorme Herausforderung darstellen, sich überhaupt mit jedweder Art von Beziehungen zu befassen. Jedes der vorigen Kapitel bietet Werkzeuge, wie man eine aufwärts verlaufende Energiespirale in Gang setzen kann. Zwar sind das nur kleine Schritte, aber sie addieren sich.

Wie bei den meisten anderen Strategien, die wir eingeführt haben, ist es auch bei Beziehungen sinnvoll, klein anzufangen. Große Entscheidungen wie ein Hausverkauf, eine Scheidung oder die Kündigung einer Arbeit können Erschöpfung verursachen, aber die kleineren täglichen Entscheidungen innerhalb dieser großen können sich positiv auswirken.

Es ist hilfreich, jeden Tag eine kleine Entscheidung für mehr Kontakt zu Menschen zu treffen. Fangen wir mit den Menschen an, die Sie kennen.

Selbstexploration
Das soziale Atom

Für diese Übung brauchen Sie eine leere Seite in Ihrem Tagebuch. Setzen Sie für sich selbst irgendwo auf der Seite ein Symbol, ein Dreieck, wenn Sie ein Mann, einen Kreis, wenn Sie eine Frau sind. Schreiben Sie Ihren Vornamen in das Symbol – das ist der Kern des sozialen Atoms.

Schritt 1: Zeichnen Sie jeden Menschen in Ihrem Leben mit dem passenden Symbol auf das Blatt, so nah oder weit entfernt, so groß oder klein Sie wollen. Es können positive wie negative Beziehungen sein. Es gibt hier kein Richtig oder Falsch. Wenn Ihre Tante geografisch weit entfernt wohnt, aber eine wichtige positive Bezugsperson ist, können Sie den Kreis vielleicht weiter entfernt von dem Ihren platzieren, ihn aber groß darstellen. Setzen Sie für jeden Menschen, der in Ihrem Leben eine Rolle spielt, in relativer Größe und Entfernung ein Symbol. Wenn jemand verstorben ist, können Sie das Symbol mit einer gestrichelten Linie umranden.

Schritt 2: Identifizieren Sie eine Person auf diesem Sozialdiagramm, mit der Sie Ihre Verbindung verstärken möchten. Überlegen Sie sich verschiedene Möglichkeiten, wie Sie das erreichen können, und suchen Sie sich eine aus. Kann es eine Textnachricht, ein Anruf, ein Besuch sein? Wollen Sie eine E-Mail oder eine Karte schicken? Finden Sie eine Möglichkeit, Ihren Kontakt zu verstärken. Vielleicht sehen Sie diese Person bereits einmal pro Monat, dann ziehen Sie in Betracht, sie zweimal zu treffen. Finden Sie eine Möglichkeit, den Kontakt zu Menschen zu erweitern, von denen Sie mehr in Ihrem Leben sehen wollen. Die gegenwärtigen Verbindungen zu vertiefen ist eine gute Art, das Wohlbefinden zu erhöhen. Geben Sie sich dreißig Tage, um nach diesen Entschlüssen zu handeln. Sobald Sie es getan haben, schreiben Sie in Ihr Tagebuch, inwieweit es Ihnen geholfen hat, diese Verbindungen zu verstärken.

Schritt 3: Mehr Hoffnung ins Leben zu bringen heißt nicht nur, mehr Kontakte und Verbindungen mit den Menschen zu haben, zu denen bereits eine positive Beziehung besteht. Es bedeutet ebenfalls, Verbindungen zu reduzieren zu Leuten, die uns herunterziehen und unsere Energie rauben. Schauen Sie sich wieder Ihr Sozialdiagramm an. Wer hat einen negativen Einfluss auf Sie? Was können Sie tun, um den Kontakt zu diesen Personen zu reduzieren? Konzentrieren Sie sich vor allem auf Personen, die großen negativen Einfluss auf Sie ausüben und mit denen Sie sehr viel Kontakt haben. Überlegen Sie sich Möglichkeiten, diese Menschen seltener zu sehen.

Wenn Hoffnung etwas mit der Erwartung auf eine selbstbestimmte Zukunft zu tun hat, dann generiert bereits der Plan, weniger Zeit mit Leuten zu verbringen, die Sie aussaugen, Hoffnung. Versuchen Sie, auch diesen Plan innerhalb von dreißig Tagen umzusetzen, und schreiben Sie über die Erfahrung in Ihr Tagebuch.

Der virtuelle Dankesbesuch hat Sie auf hilfreiche Beziehungen aus Ihrer Vergangenheit eingestimmt, während das soziale Atom Ihnen einen raschen Blick auf Ihre Familie, Freunde und »Freinde« (die weniger hilfreichen) ermöglicht. Seine Erstellung und Umsetzung vermittelt ein Gefühl der Selbstbestimmtheit, denn wenn einem Plan auch eine Handlung folgt, nährt das die Hoffnung.

Wir besitzen in unserem Gehirn ein Protein namens BDNF (*brain-derived neurotrophic factor*, vom Gehirn stammender neurotropher Faktor), das man auch als »Wachstumsfaktor« bezeichnet.[7] Es spielt eine wichtige Rolle bei der Linderung von Depressionen und erhöht anscheinend auch die Neuroplastizität des Gehirns, die dazu beiträgt, das Gehirn zu schützen und zu reparieren, und außerdem die Schlafqualität erhöht. Einer der größten Inhibitoren (Hemmfaktoren) von BDNF ist soziale Isolation. Deshalb ist es so wichtig, Menschen um sich zu haben.

Die letzte Übung ist eine der einfachsten Methoden, die Produktion von BDNF anzuregen. In Kanada, Großbritannien, den Niederlanden, Australien und Neuseeland ist Sport die erste Wahl als Mittel gegen Depression – und nur wenn das nicht hilft, wird medikamentiert und therapiert.[8] Forschungsstudien zeigen, dass Sport hauptsächlich deshalb wirkt, weil er die Produktion von BDNF ankurbelt. Wenn man also ins Fitness-Studio oder einen Gymnastikkurs geht, hilft das doppelt: Man trifft bei der sportlichen Betätigung Gleichgesinnte, und wenn man einen Kurs belegt, erhöht man seine Möglichkeiten für soziale Interaktion – ein notwendiges Ziel.

Selbstexploration
Die Bezugsgruppe erweitern

Schritt 1: Schreiben Sie in Ihr Tagebuch die drei wichtigsten Personen in Ihrem Leben, die nicht blutsverwandt mit Ihnen sind. Es muss hier nicht nur um gute Einflüsse gehen, sondern um die Menschen, die Ihr Leben am stärksten beeinflusst haben. Es ist nicht unwahrscheinlich, dass diese Personen bereits in ei-

> ner früheren Übung in diesem Kapitel aufgetaucht sind. Für unsere Zwecke sollten sie auf drei beschränkt werden. Es kann sich um eine*n Ehepartner*in, Lebensgefährt*in, Freund*in, Kolleg*in oder Chef*in handeln.
>
> Erinnern Sie sich bei jeder Person, wie Sie sie kennengelernt haben, und schreiben Sie das in ein oder zwei Sätzen auf. Denken Sie an die äußeren Umstände des ersten Treffens und halten Sie sie schriftlich fest.
>
> **Schritt 2:** Sobald Sie das aufgeschrieben haben, werden Sie vermutlich feststellen, dass Sie jede der einflussreichsten Personen in Ihrem Leben zufällig kennengelernt haben. Etwas anderes als vorherige Planung hat Sie zusammengebracht. Denken Sie an Staceys Geschichte. Eine Serie von Zufällen, nämlich dass sie im Café in der Schlange stand, »Hallo« sagte und dann kein Geld hatte, wirkte zusammen, um das Kennenlernen zu ermöglichen. Wie viele Kräfte zusammenspielen mussten, um all das zu ermöglichen, ist erstaunlich – aber eins ist sicher: Stacey hätte es nicht absichtlich herbeiführen können; sie konnte nur ihre Aufgabe erfüllen, das Leben an sich heranzulassen. Jetzt müssen Sie das Ihre tun.

Um einen Anfang mit dem Knüpfen von Kontakten zu machen, müssen Sie an Orte gehen, wo Menschen sind. Denken Sie an Orte in der Nähe, wo Menschen zusammenkommen: ein Café, ein Universitätscampus, der nächste Park oder ein Einkaufszentrum. Nehmen Sie am Ort Ihrer Wahl bewusst Kontakt zu anderen auf. Ich kann verstehen, dass Ihnen das schwerfällt, aber ich kann Ihnen auch garantieren, dass die Furcht, die Sie davon abhält, mit Kontakten zu experimentieren, durch das negative Denken hinter der Depression zu unverhältnismäßiger Größe aufgeblasen worden ist. Die Furcht kann sich fast von einem Augenblick auf den anderen verändern, wenn Sie eine andere Entscheidung treffen.

Die leichteste und vielleicht unaufdringlichste Art, einen Kontakt herzustellen, ist ein Lächeln. Ich staune oft, welch eine positive Reaktion ein einfaches Lächeln auslösen kann. Später in diesem Kapitel werde ich auf die Positivitätsresonanz zu sprechen kommen, doch für den Moment genügt es zu wissen, dass die Erwiderung Ihres Lächelns Ihnen auf sehr einfache, aber kraftvolle Weise eine gewisse Kontrolle über die eigenen Erwartungen gibt. Das ist keine bloße Spitzfindigkeit; es gibt belastbare Forschungen, dass Lächeln positive Reaktionen bei anderen hervorrufen kann[9] – ganz zu schweigen davon, dass es Ihre eigenen Gedankenprozesse ändern hilft. Nicht alle Leute werden reagieren, aber wenn es bei der ersten Person nicht klappt, dann vielleicht bei der zweiten. Sie werden höchstwahrscheinlich so viele positive Reaktionen bekommen, dass Sie das Gefühl haben, mit jemandem eine kurze, aber positive Verbindung aufgenommen zu haben.

Hier folgen ein paar weitere Möglichkeiten, Kontakt aufzunehmen. Auch hier werden Sie vermutlich eine Trefferquote von etwa 50 Prozent erleben – aber das bedeutet bereits 50 Prozent mehr Leute, zu denen Sie eine Verbindung hergestellt haben. Folgendes können Sie tun:

* Sagen Sie wie Stacey »Hallo« zu jemandem, der mit Ihnen in der Schlange steht.
* Stellen Sie jemand Fremdem eine Frage (»Wann geht der nächste Bus?«).
* Fragen Sie jemanden nach dem Weg (»Ich suche das Theater. Können Sie mir sagen, wie ich da hinkomme?«).

* Machen Sie ein Kompliment für ein Kleidungsstück (»Toller Hut!«).
* Kommentieren Sie eine gemeinsame Erfahrung (»Ist das Essen hier nicht hervorragend?«).
* Bewundern Sie ein Tattoo (»Das ist aber interessant. Haben Sie das selbst entworfen?«).
* Fragen Sie um Rat (»Ich kenne mich hier noch nicht aus. Wo kann man denn hier gut zu Mittag essen?«).

Das sind alles Mittel, um einen Kontakt herzustellen. Depression und soziale Isolation arbeiten Hand in Hand, um uns auszulaugen und das Entstehen von Zuversicht zu verhindern. So schwierig und unangenehm es sich auch anfühlen mag, andere Menschen anzusprechen, es ist der direkteste Weg, um Sie aus dem Strudel der Depression herauszuziehen. Stellen Sie sich vor, es sei eine starke Medizin, die vielleicht nicht gut schmeckt, die aber wirkt. Es gehört einfach dazu, damit Sie gesund werden.

Üben Sie, sich zu überwinden, bis es Ihnen zur Gewohnheit wird. Für gewöhnlich fühlt es sich schon nach einem Monat natürlicher an, und nach zwei Monaten gehört es zu Ihrer Routine. Es lohnt sich, dafür etwas zu riskieren. Schreiben Sie auf jeden Fall Ihre Erfahrungen in Ihr Tagebuch.

Der nächste Schritt ist eine gemeinsame Erfahrung mit anderen Leuten. Das ist etwas anderes, als wenn Leute im Park an Ihnen vorbeilaufen – wir reden hier über ein organisiertes Ereignis. Wenn Sie ein Seminar, einen Vortrag oder einen Workshop besuchen, treffen Sie Gleichgesinnte, und es werden sich Gelegenheiten für Kontakte ergeben. Das ist mehr, als nur unter Leuten zu sein: Sie erleben etwas zusammen, und das gibt Ihnen ein gemeinsames Gesprächsthema. Wenn man die Erfahrung kommentiert oder Fragen stellt, entsteht oft leicht ein Kontakt. Wenn Sie an einem Ereignis teilnehmen, bei dem alle eine gemeinsame Erfahrung gemacht haben, öffnet das in Verbindung mit Ihren neuen Kontaktfähigkeiten viele Möglichkeiten.

Das nächsthöhere Niveau beinhaltet die Suche nach Gruppentreffen, Clubs, Kursen etc. Wenn man sich regelmäßig aufgrund von Interessen zu Diskussionen trifft und wenn sich daran auch noch ein soziales Beisammensein anschließt, dann spielen Ihnen viele Faktoren in die Hände, um Ihre Kontakte zu bereichern. Manchmal hilft eine unterstützende Umgebung auch, Hemmungen abzubauen. Ein Kurs, ein intensives Seminar, alles, was Ihnen wiederholte Begegnungen mit denselben Menschen ermöglicht, ist gut. Diese Aktionen sind vielleicht die dynamischsten und weitreichendsten Methoden, um die Elemente der Depression aufzulösen.

Auch sogenannte Zwölf-Schritte-Programme sind gute Beispiele: soziale Netzwerke, in denen Menschen zusammen darauf hinarbeiten, sich besser zu fühlen. Die Schritte sind nur der eine Teil des Heilungsvorgangs – auf Dauer ist es das wiederholte Zusammensein und die Gemeinschaft mit anderen Menschen, was am meisten hilft.

Eine umfassendere Definition von Liebe

Kann es tatsächlich einen entscheidenden Beitrag leisten, Sie von Niedergeschlagenheit und Depression zu befreien, wenn Sie zu jemandem in Ihrem Yogakurs oder einer Person in der Schlange hinter Ihnen »Hallo« sagen? Barbara Fredrickson ist dieser Meinung. In ihrem Buch *Love 2.0* fordert sie die Leser auf, die Biochemie der Liebe und die Macht der Verbindungen zu Fremden neu zu interpretieren. Liebe hat nicht nur mit Romantik und sexueller Anziehung zu tun. Sie bezeichnet diese eingeschränkte Vorstellung von

Liebe als einen »weltweiten Kollaps der Fantasie«.[10] Sie ist der Überzeugung, dass diese Momente der Positivitätsresonanz dieselben sind, ob sie zwischen Eltern und Kindern, Freunden, Liebenden oder völlig Fremden stattfinden. Diese Erfahrungen sind in ihren Worten biochemisch »so gut wie identisch«.

Nach ihrer Ansicht hat die Evolution uns dahingehend programmiert, dass Liebe ein Mittel zum Überleben ist. Dr. Fredrickson nennt das »Positivitätsresonanz«, und es ist unsere Aufgabe, möglichst viele Gelegenheiten zu finden, um diese Resonanz zu aktivieren. Jeder Augenblick geteilter Positivität stärkt diese Verbindung – was eine Aufwärtsspirale in Gang setzen kann. Das Risiko, solche Kontakte zu knüpfen, mag sich hoch anfühlen, aber eigentlich ist es ganz niedrig. Ein Zunicken oder Anlächeln eines Mitmenschen braucht vielleicht ein wenig Mut, aber es geht dabei nicht um Leben oder Tod. Wenn man riskiert, einen Kontakt zu knüpfen, hat man das vielleicht beste Werkzeug in der Hand, um soziale Isolation und einen Rückfall in die Depression zu vermeiden.

Das ist jetzt Ihre Herausforderung. Sagen Sie täglich »Hallo« zu jemandem, den Sie nicht kennen. Die erste Woche ist schwierig, aber mit der Zeit wird daraus eine Gewohnheit, die es einem leichter macht, sich in die Welt hinaus zu wagen. Ich rate Ihnen, Ihre Fortschritte in Ihrem Tagebuch zu dokumentieren. Sobald Sie sich wohler fühlen, können Sie die obigen Vorschläge umsetzen, um weitere Kontakte zu knüpfen.

Lebensgewohnheiten ändern

Dass uns solche Veränderungen schwerfallen, liegt daran, dass wir dabei Verhaltensmuster bekämpfen, die sich in langen Jahren entwickelt haben. In der Bindungstheorie – die sich damit beschäftigt, wie Kleinkinder mit ihren Eltern und Pflegepersonen Beziehungen knüpfen – gibt es die *Synchronisation* und die *Desynchronisation*. Wenn wir mit einer Betreuungsperson harmonieren, sind wir synchronisiert – und Barbara Fredricksons Forschung zeigt, dass positive Emotionen Synchronizität bewirken. Die Depression tut das nicht.

Wenn wir eine Weile mit Niedergeschlagenheit oder einer Depression gelebt haben oder unter Depressiven aufgewachsen sind, passiert etwas mit unserem inneren Navigationssystem. Unsere Fähigkeit, uns im Leben zurechtzufinden, gerät durcheinander. Während depressiven Phasen haben wir vielleicht so lange Entscheidungen getroffen, die uns von jeglicher Zuversicht fernhalten, dass das Niedergeschlagensein selbst zu einem gewohnten Muster geworden ist. Mit anderen Worten kann es sich anfühlen, als wären wir synchronisiert, wenn wir Dinge tun, die uns in der Depression festhalten, und desynchronisiert, wenn wir etwas anders machen. Unser inneres Navi zeigt dann in die falsche Richtung.

Einer der konsistentesten Befunde der Entwicklungspsychologie ist die Vorliebe von Kleinkindern für das ihnen Vertraute. Menschenkinder haben eine große Fähigkeit, etwas wiederzuerkennen, das sie schon einmal gesehen haben. Die Entwicklungspsychologen weisen darauf hin, dass diese Fähigkeit von Kleinkindern wichtig für das Überleben ist. Wenn man Pflegepersonen erkennt und ihnen in die Augen schaut, erhöht das die Wahrscheinlichkeit, dass man gefüttert und versorgt wird. Wenn man etwas Gefährliches entdeckt – wie zum Beispiel Feuer –, dann denkt man daran, dass man so etwas meiden muss.

Aber diese Fähigkeit des Wiedererkennens geht weit über das Erinnern eines spezifischen Gegenstands hinaus. Kinder können sich an Vertrautes erinnern. Dass das Adjektiv »vertraut« mit dem

Substantiv »Vertrauen« verwandt ist, ist kein Zufall. Kinder fühlen sich von etwas – oder jemand – Vertrautem angezogen, weil ihnen das ein Gefühl der Sicherheit gibt (selbst wenn es nicht sicher ist). Das hat weniger mit gut oder schlecht als mit bekannt und fremd zu tun. Wenn man Kleinkinder eine Weile mit einem Ball von 3 Zentimetern Durchmesser spielen lässt und ihnen anschließend einen 3-Zentimeterball und einen ebenso großen Würfel anbietet, wählen sie immer den Ball, weil er ihnen vertraut ist. Wenn ihnen bei dem gleichen Experiment nach dem kleinen Ball ein Ball und ein Würfel von jeweils 10 Zentimetern Durchmesser angeboten werden, wählen sie auch hier den Ball, obwohl sie keinen der 10 Zentimeter großen Gegenstände vorher gesehen haben. Hier zeigt sich die bestaunenswerte Fähigkeit des menschlichen Gehirns, Prototypen zu bilden. Die Kinder wählen den 10-Zentimeterball, weil er dem kleinen Ball, mit dem sie vorher gespielt haben, am ähnlichsten ist.

Das Gleiche geschieht mit unseren Emotionen. Wenn wir an einen bestimmten – depressiven – Gefühlszustand gewöhnt sind, suchen wir Mittel und Wege, diese Depression aufrechtzuerhalten. Wir bleiben auf dem Sofa sitzen, statt spazieren zu gehen. Wir bleiben in unseren Denk-und Handlungsfallen stecken, weil sie uns vertraut sind. Wir bleiben isoliert, statt Kontakte zu knüpfen. Das ist auch der Grund, warum es von jemandem heißt, er habe »seine Mutter geheiratet«. Oder sie ihren Vater. Wir werden von Vertrautem angezogen, und für die Psyche hat Gut oder Schlecht keine nennenswerte Bedeutung – sie interessiert sich mehr für Gleich oder Anders. Deshalb ist es auch so schwierig, Depressionsmuster zu verändern. Wir neigen dazu, das fortzusetzen, was wir immer gemacht haben, während es sich fremd und unvertraut – und folglich schwierig – anfühlt, etwas anderes auszuprobieren.

Ich bin sicher, dass Barbara Fredrickson recht hat, wenn sie sagt, dass positive Emotionen Synchronizität fördern. Sie führen uns in unseren Naturzustand zurück – nicht zum gewohnten Zustand, den wir um die Depression herum gebaut haben. Wenn man mit Menschen aus extrem dysfunktionalen Familien arbeitet, gewinnt man den Eindruck, dass sie von eben den Dynamiken angezogen werden, die in ihrer Herkunftsfamilie herrschten. Wenn man ihnen neue, positive Erfahrungen ermöglicht und ihnen hilft, bessere Entscheidungen zu treffen, vermittelt man ihnen die Hoffnung, dass ihnen auch noch etwas Besseres zustoßen kann als das, was sie bisher erlebt haben.

So können Sie auch bei einer Depression vorgehen. Sie können sich auf positivere Erfahrungen einlassen, die sich nicht nur völlig von denen unterscheiden, die Sie bisher gemacht haben, sondern Sie auch noch davon abhalten, sich von Ihren Mitmenschen zu isolieren – denn die sind die beste Hoffnungsquelle.

Kintsugi: Die Kunst der kostbaren Narben[11]

Ich habe noch niemanden getroffen, der nicht schon einmal in einer Beziehung verletzt worden ist. Zum Menschsein gehört, dass man den Schmerz empfindet, der aus Ablehnung, Betrug oder Verlust resultiert. Diese Art Leid gehört zum Leben, aber was wir aus dem Leid machen, hängt von uns ab. Der amerikanische Psychologe Wayne Dyer bemerkte einmal: »Wie die Leute dich behandeln, ist ihr Karma, aber wie du reagierst, ist deins.«

Die japanische Kunst des *Kintsugi* (goldene Reparatur) lehrt, dass zerbrochene Gegenstände nicht weggeworfen, sondern repariert und dann mit Stolz zur Schau gestellt werden sollten. Bei diesem Vorgang werden die Brüche und Risse in einer Keramikschale, Teekanne oder Ähnlichem durch Edelmetall noch betont. Gewöhnlich wird goldener oder silberner Lack benutzt, um den Gegenstand zu reparieren und gleichzeitig die Bruchstellen zu betonen. Wenn die Scherben auf diese Weise wieder verbunden werden, wird das reparierte Stück zu einem einzigartigen Kunstwerk erhoben. Der zufällige Verlauf der Bruchkanten bildet ein neues Muster, das durch die Benutzung des Edelmetalls betont wird.

Soziale Isolation ist der Riss in der Keramik unseres Lebens, und Kontakt zu anderen ist der goldene Lack. Wenn wir zerbrechen, verstärkt die Isolation von unserem Umfeld unsere Niedergeschlagenheit. Das Zusammenfügen unseres Lebens funktioniert am besten, wenn wir lernen, den Arm zu anderen auszustrecken. Wenn Sie weiterhin Kontakte pflegen, werden Sie vielleicht feststellen, dass Sie die eine oder andere Beziehung wiederherstellen möchten. Die Mühe, die man für die Reparatur von etwas aufwendet, kann es wertvoller machen, als es ursprünglich war. Etwas Zerbrochenes zusammenzufügen kann es auf eine Weise verschönern, die vorher nicht möglich war.

Selbst wenn es nicht gelingt, eine bestimmte Beziehung wiederherzustellen, wirkt die Erweiterung des Freundeskreises durch die Verbindung mit neuen Menschen heilsam. Neue Beziehungen und Kontakte sind der goldene Lack, der unser Leben wieder zusammenfügt. Wenn man aus Negativität lernt, den Blick auf das Positive lenkt und erkennt, dass wir auswählen können, wie wir unsere Situation wahrnehmen, lernt man Zuversicht. Die Verbindungen zu anderen Menschen machen jedes Leben zu einem einzigartigen Kunstwerk.

Positivität äußern, um Beziehungen zu erhalten

Die frühere Arbeit in der Beziehungswissenschaft konzentrierte sich – ähnlich wie in der allgemeinen Psychologie – darauf, was in einer Beziehung nicht stimmte. Was funktionierte, wurde beiseitegeschoben zugunsten von Korrektur und Reparatur. In diesem Kapitel haben Sie Werkzeuge zum Knüpfen von Kontakten kennengelernt und Methoden entdeckt, zu anderen eine Verbindung herzustellen. Jetzt wollen wir uns anschauen, wie man Beziehungen erhält.

Beziehungswissenschaftler*innen wie John Gottman und Shelly Gable haben festgestellt, dass positive Äußerungen innerhalb einer Beziehung extrem wichtig sind, sowohl für eine Prognose, wie gut und lange eine Beziehung hält, als auch für die Frage, wie sie gestärkt werden kann. Shelly Gable[12] hat eine Forschungsarbeit vorgelegt, in der sie nachweist, dass das Feiern guter Nachrichten von anderen einen großen Beitrag zu besseren Beziehungen leistet.

Wenn wir in Niedergeschlagenheit und Isolation eingesperrt sind, werden wir von der Negativität unserer eigenen Gedanken, Gefühle und Verluste aufgefressen. Als hätten wir zu unserer Sicherheit eine Mauer um uns gebaut. Aber was uns schützt, hemmt uns auch. Wir beschäftigen uns dann hauptsächlich damit, was wir nicht haben oder nicht haben können, und die Bedürfnisse anderer Menschen liegen uns fern oder sind uns unbekannt. Wenn wir uns zurückziehen, sind die Verbindungen zu anderen und ihrem Glück nicht vorhanden. Freundlichkeit ist, wie bereits bemerkt, eine der schnellsten Methoden, aus dem Treibsand der Depression herauszukommen. Sie ermöglicht vielleicht auch die genaueste Vorhersage einer guten Ehe.[13] Sobald Sie an die Bedürfnisse eines anderen Menschen denken, brechen Sie aus den Denk- und Handlungsfallen aus, die Sie festhalten. Shelly Gable teilt Reaktionsstile in vier Möglichkeiten ein: aktiv-konstruktiv, aktiv-destruktiv, passiv-destruktiv und passiv-konstruktiv.

Bei der aktiv-konstruktiven Reaktion reagieren Sie auf das Glück eines anderen Menschen mit Begeisterung und Freude für ihn. Indem Sie Ihre Begeisterung äußern, lassen Sie die Person die Erfahrung vom Empfang der guten Neuigkeit noch einmal durchleben. Das ist, als würden Sie sie darüber interviewen, was sie so glücklich gemacht hat. Stellen Sie sich das als eine Art Forschungsprojekt vor: Sie selbst suchen nach mehr Freude im Leben, und diese Person hat etwas gefunden, das ihr Freude gebracht hat. Im wachsenden Feld der Positiven Psychologie ist dies eine der entscheidenden Fähigkeiten: Sie gehört zu einem Arsenal von Interventionen, von denen Sie die meisten in diesem Buch lernen und die nachgewiesenermaßen direkt Depressionen lindern und das Wohlbefinden nachhaltig verbessern.

Am anderen Ende des Spektrums befindet sich passiv-konstruktiv. Jemand erzählt Ihnen, dass er befördert worden ist, und Sie sagen: »Wie schön!« Das ist eine absolute Spaßbremse – und distanziert Sie von der positiven Erfahrung, weil Sie sich nicht dafür interessieren. Wenn Sie sich besser fühlen wollen, müssen Sie andere unterstützen. Aber wenn wir depressiv sind, können wir uns möglicherweise nicht zu mehr als einer milden Bemerkung aufraffen. Damit begünstigen Sie aber einen Teufelskreis. Wenn Ihr Niveau an Engagement und Begeisterung sich nicht mit dem Ihres oder Ihrer Gesprächspartner*in deckt, wird er oder sie Ihnen vermutlich in Zukunft keine schönen Neuigkeiten mehr erzählen und auch auf Ihre Erfolge nicht gerade überschwänglich reagieren.

Bei der passiv-destruktiven Reaktion beantworten Sie die gute Neuigkeit der anderen Person mit einer eigenen Neuigkeit. Sie enteignen sie ihrer Begeisterung, indem Sie mit Ihrer eigenen gleichziehen. In diesem Szenario antworten Sie, wenn Ihnen jemand glückstrahlend von seinem neuen Auto erzählt, mit Ihrer Begeisterung für die neue Eigentumswohnung, die Sie kaufen wollen. Diese passiv-destruktive Antwort nimmt Ihrem Gesprächspartner den Wind aus den Segeln, und seine Mitteilung wird nicht gewürdigt.

Schließlich gibt es noch die aktiv-destruktive Reaktion. Hier stellen Sie tatsächlich die gute Nachricht in Frage. Jemand, der gerade ein neues Auto gekauft hat und sehr stolz darauf ist, bekommt von Ihnen zu hören, dass das ein Spritfresser und Werkstatthüter sei. Selbst wenn es zutrifft, zerstört das die positive Stimmung der anderen Person.

Halten Sie in den kommenden Wochen jede Gelegenheit fest, bei der Sie auf eine gute Nachricht einer anderen Person reagieren konnten. Gehen Sie bewusst und überlegt vor und ermöglichen Sie Ihren Gesprächspartner*innen, die Erfahrung mit Ihnen zusammen noch einmal zu durchleben. Wenn Sie das Glück anderer Menschen positiv aufnehmen, vergrößern Sie Ihr eigenes.

Jetzt sind Sie so weit, dass Sie all dies zusammenfassen und einen Plan machen können, um die Veränderungen, die Sie mit Hilfe der erlernten Zuversicht vorgenommen haben, einzuleiten. In unserem letzten Kapitel werden Sie sehen, dass der Schlüssel für einen dauerhaften Fortschritt ständiges Lernen ist.

»Es stellte sich heraus, dass unsere Emotionen [...] und unsere Geisteshaltung tiefgreifende Folgen für unseren Körper haben [...]. Diese Erkenntnis resultierte großenteils aus der Forschung über den Placebo-Effekt [...].«

―――――――

Larry Dossey

KAPITEL 9

Leben, wie man es sich erträumt hat

In medizinischen und psychologischen Kreisen hilft der Placebo-Effekt bei der Messung der Wirkung von Medikamenten – ihn müssen die Pharmafirmen übertreffen, damit ihre Medikamente als wirkungsvoll anerkannt werden. Die günstige Wirkung des Placebos ergibt sich einzig und allein aus dem Glauben der Patientin oder des Patienten an das Medikament. Sie erinnern sich: Überzeugungen verändern die Erwartungen, und das beeinflusst das Ergebnis.

Wenn ein Medikament nicht besser wirkt als ein Placebo, *wird die Studie nicht veröffentlicht*. Aufgrund der sogenannten Publikationsverzerrung schaffen es nur die Studien in die wissenschaftlichen Zeitschriften, die nachweisen, dass ein Medikament das Placebo übertrifft. Das bedeutet, wenn hundert Studien stattfinden und achtundneunzig davon keine Wirkung nachweisen können, lesen die wissenschaftlichen Zirkel nur die zwei, die die Wirkung des Medikaments nachweisen – nicht die achtundneunzig, die die Wirkung des Placebos zeigen.[1]

Die Kraft des Placebo-Effekts ist genau das, was Sie in diesem Buch gelernt haben. Der bekannte Mediziner Herbert Spiegel sagt: »Der Placebo-Effekt tritt auf, wenn die Bedingungen für Hoffnung, Zuversicht, Vertrauen und Liebe optimal sind.« Dr. Irving Kirsch, eine führende Autorität auf dem Gebiet klinischer Studien über Antidepressiva, stellte beim Vergleich der Resultate fest, dass fast

80 Prozent der Wirksamkeit von Antidepressiva dem Placebo-Effekt zugeschrieben werden können. Was wir *glauben*, beeinflusst unser Wohlbefinden deutlich mehr als der verabreichte Wirkstoff. In einem Artikel in der *New York Times* sagte Kirsch: »Es kommt darauf an, was wir glauben, wie es uns ergehen wird. Man kann eine tiefgreifende Veränderung auch ohne Medikamente erleben.«[2]

Glaubensüberzeugungen allein können die Resultate verändern, und das fällt besonders in der Positiven Psychologie auf. Dieser auf Stärken basierende Zugang begann mit der Überzeugung, dass die Menschen ihr Wohlbefinden verbessern und nicht nur ihr Leid verringern können. Tayyab Rashid und Martin Seligman führten Studien über positive Interventionen durch (ähnlich denen, die wir in diesem Buch unternommen haben) und konnten beweisen, dass die Wirkung auf Depressionen sowohl die üblichen Psychotherapien gegen Depressionen als auch diese Therapien plus Antidepressiva übertrafen.[3]

Warum? Weil die Interventionen *positive Erwartungen* wecken – die feste Überzeugung, dass etwas Gutes geschehen wird. Diese positiven Erwartungen ziehen wiederum sehr positive Resultate nach sich. In einer Studie zeigte sich die Wirksamkeit der Positiven Psychologie als beinahe *dreimal* so groß wie die Kombination der üblichen Psychotherapie mit Antidepressiva. Wenn Menschen nach der Überzeugung handeln, dass sie mehr Hoffnung und Wohlbefinden im Leben finden können, zeigen sich starke Ergebnisse. Wie der Neurowissenschaftler Joe Dispenza gesagt hat: *Du bist das Placebo*[4]: In diesem Buch haben Sie ähnliche Fähigkeiten und Vorgehensweisen erlernt, um bessere Entscheidungen zu treffen, die Ihre Erwartungen verschieben.

Wenn ich die Quintessenz dieses Buchs in einem Satz zusammenfassen sollte, würde er lauten: *Die Hoffnung verändert nicht, was wir glauben – was wir glauben, verändert, wie wir hoffen.* In Kapitel 1 kam die Metapher des Lichtstrahls zur Sprache, der durch ein Prisma in sein volles Farbspektrum aufgespalten wird. Wenn man bewusst sein Wohlbefinden pflegt, verändert man die Glaubensüberzeugungen, die unsere Entscheidungen filtern. Wenn wir uns mit diesen Überzeugungen beschäftigen, können wir die Entscheidungen, die wir bislang immer getroffen haben, in Frage stellen und uns selbst ermächtigen, andere Entscheidungen zu treffen.

Es gibt eine Hierarchie in der Wirkungsweise der Hoffnung, die uns die Möglichkeit vermittelt, mit der unvermeidlichen Negativität und Ungewissheit des Lebens umzugehen. Wir wollen uns anschauen, wie dieser Prozess abläuft:

Aspiration Was kommt als nächstes?	**Große Hoffnung**
Antizipation Was ist möglich?	**Ziele** **Weg** **Selbstwirksamkeit**
Anpassung Was muss sich ändern?	**Neugewichtung/Risikobewertung**
Anwendung Was kann ich kontrollieren?	**Perspektive**
Bitten und annehmen Was brauche ich?	**Unterstützung**
Aktivieren Was kann ich tun?	**Ressourcen**
Anerkennen Was passiert gerade?	**Negativität/Ungewissheit**

Hierarchie der Hoffnung

Die Perspektive, von der dieses ganze Buch handelt und an deren Verschiebung Sie gearbeitet haben, steht in der Mitte der Hierarchie. Sie ist der Kipppunkt des Systems, denn sie beeinflusst unsere Einschätzung, was wir selbst bestimmen und beeinflussen können. Jede Schicht der Hoffnungshierarchie gibt uns eine Frage zum Nachdenken und eine Handlungsanweisung, die daraus folgt. Da Negativität und Ungewissheit notwendige Ingredienzien für die Aktivierung von Hoffnung sind, befinden sie sich an der Basis.

»Was passiert gerade?«, ist die erste Frage, die wir uns stellen müssen, wenn eine Situation Negativität und Ungewissheit enthält. Diese Frage soll uns helfen, die Sachlage deutlicher zu erkennen – mit dem, was ist, umzugehen, statt mit dem, was wir uns einbilden. Wenn wir nicht benebelt sind von Verleugnung und Fehlinformationen, können wir die Frage: »Was kann ich tun?« genauer beantworten. Das befähigt uns, die nötigen Ressourcen zu aktivieren. Sobald wir unsere Lage akkurat eingeschätzt haben, können wir uns überlegen, was in unserer Macht steht, um sie zu verbessern.

Depressionen zehren von Isolation. Um dies unmittelbar zu konterkarieren, kümmern wir uns in der nächsten Schicht der Hoffnungsaktivierung um Hilfe. Die Frage »Was brauche ich?« bringt uns dazu, die nötige emotionale Unterstützung zu suchen und sie anzunehmen. Diese Unterstützung steigert nicht nur die Zuversicht, sie gräbt der Niedergeschlagenheit auch das Wasser ab.

All das bringt uns zu der Stufe, auf der wir die Kontrolle über unsere Perspektive übernehmen. Wenn wir fragen »Was kann ich kontrollieren?«, vermittelt uns das Macht, denn es unterstreicht, dass wir eine Entscheidung treffen. Wie Sie inzwischen wissen, geht es bei den sieben Entscheidungen darum, sich von alten Gedankengewohnheiten zu verabschieden und neue zu entwickeln, die sich mit starker Hoffnung verbinden. Alte Sichtweisen in Frage zu stellen, kostet Mühe, denn alte Überzeugungen sind hartnäckig. Sie schaffen einen Denkautomatismus – dessen Würgegriff wir lockern, wenn wir sie in Zweifel ziehen. Diese Gedanken haben eine solche Kraft, weil sie der Meinung sind, sie würden uns beschützen.

Bei jeder Selbstexploration haben Sie durch bewusste Handlungen Alternativen aufgezeigt bekommen und die alten Schutzmechanismen durch neue Muster ersetzt, die Wohlbefinden schaffen. Die neue Art zu denken beschützt uns besser, und Sie haben sich beim Durcharbeiten des Buchs bewiesen, dass sie effektiv ist. Wenn Sie eine alte Denkgewohnheit in Frage stellen, stoßen Sie Ihre emotionale Selbstregulierung an. *Die Bemühung um Wandel ist bereits der Wandel selbst.* Indem Sie sich darum bemühen, Ihre Entscheidungen in Frage zu stellen, regulieren Sie sich selbst. Sie beschäftigen sich bewusst mit der Richtung Ihrer Gedanken, und statt die alte Gedankenrichtung unangefochten stehen zu lassen, ziehen Sie eine Alternative in Betracht. Stellen Sie sich vor, ein korrupter Staatsmann, dem lange Zeit niemand Paroli geboten hat, wird plötzlich von einem Gegenkandidaten herausgefordert. Dadurch, dass die Wähler*innen zwischen zwei Möglichkeiten entscheiden können, erhalten sie Macht. Man kann neue Staatslenker*innen wählen oder den alten wieder einsetzen. Wenn Sie die alten Denkgewohnheiten wieder an die Macht bringen, nachdem Sie erfahren haben, dass es eine Alternative gibt, dann wissen Sie wenigstens, dass sie aufgrund Ihrer bewussten Entscheidung installiert worden sind.

Ein Stockwerk höher in der Hierarchie ist die Verbindung zwischen den sieben Entscheidungen: Neugewichtung und Risikobewertung durch das Setzen von Zielen. Wenn wir zuerst unser Ziel neu anpassen (denken Sie an Amys Geschichte mit dem Abspülen eines Tellers), stoßen wir den Prozess von Neugewichtung und Risikobewertung an. Um die Hoffnung aufrechtzuerhalten, müssen wir ständig unsere Ziele und Risiken im Auge behalten. Das bedeutet: »Was muss sich ändern?« wird unser unaufhörliches Mantra. Denken Sie an den Surfer, der seine Welle erwischt hat. Jetzt muss er andere Fähigkeiten nutzen, um auf ihr zu reiten und sein Gleichgewicht zu halten. Seine Ziele und seine Risikoeinschätzung arbeiten Hand in Hand und bringen ihn voran. Sobald Amy sich selbst ermächtigt hatte, indem sie einen Teller wusch, nahm sie eine neue Bewertung ihrer anderen Ziele vor und begann, sie in Angriff zu nehmen. »Was muss sich ändern?« wurde ihr neuentdecktes Mantra.

Wenn wir uns dem Gipfel der Hierarchie nähern, sehen wir das Zusammenspiel von Konzepten, das die Pioniere der Hoffnungstheorie benutzen. Selbstwirksamkeit, Wege und Ziele, die zu starker Zuversicht führen, bauen auf dem Fundament auf, das unter ihnen liegt. Wie bei einem Archäologen, der die oberste Schicht eines Fundes entdeckt, enthüllt erst weiteres Nachforschen den gesamten Schatz. Die Zusammenfassung dessen, was andere Forschende gefunden haben, stützt diesen Gedanken und die Frage: »Was ist möglich?« In ihr lebt die starke Zuversicht. Sie entwickelt sich, wenn die Selbstermächtigung durch unsere Fähigkeit, die Perspektive zu wechseln, zum Kipppunkt wird: wenn wir auf unsere nächsten Ziele mit der Frage »Was kommt jetzt?« zugehen – statt »Warum ich?« als Antwort auf unseren Schmerz.

Die Macht der *Überzeugungsmodifikation*

In den 1960er-Jahren gab es die große Bewegung der *Verhaltensmodifikation*. Dieser Zweig der Psychologie gründete sich auf den einfachen Gedanken, dass wir angezogen werden von den Dingen, die wir begehren, und Schmerzvolles und Unangenehmes eher vermeiden. Jahrzehntelang war dies die dominierende Theorie, die allen Interventionen zugrunde lag, die Menschen helfen sollten, sich zu verändern, und die mit Vorliebe von Lehrern, Eltern, Therapeutinnen und Wirtschaftsführern eingesetzt wurde.

Die Verhaltensmodifikation basiert auf den Prinzipien von Verstärkung und Bestrafung. Wenn man möchte, dass jemand ein bestimmtes Verhalten wiederholt, gibt man ihm, was er will, oder beendet etwas Unangenehmes. Wenn Eltern wollen, dass ihr Kind sein Zimmer aufräumt, könnten sie ihm zehn Euro versprechen und zusätzlich noch, mit dem Nörgeln aufzuhören (das soll keine Empfehlung sein, nur ein Beispiel). Hier werden positive Verstärkung (Geld) und negative Verstärkung (Ende der Nörgelei) eingesetzt, um das Verhalten des Kindes zu verändern. Die positive Verstärkung wird gegeben, die negative entfernt. Wenn die Eltern noch etwas anderes einsetzen wollen, um das unerwünschte Verhalten zu verändern, können sie alle zuwiderlaufenden Handlungen des Kindes bestrafen: Wenn das Zimmer nicht aufgeräumt wird, gibt es kein Taschengeld.

Die Verhaltensmodifikation zeigte durchaus Erfolge, aber sie hatte viele Nachteile, denn die Kontrollinstanz (eine Person) befindet sich außerhalb des Individuums, dessen Verhalten verändert werden soll. Wenn versucht wurde, diese Prinzipien für Menschen mit Depression nutzbar zu machen, funktionierten sie nicht auf die gleiche Weise. Sich besser zu fühlen, hätte eine positive Verstärkung sein müssen, das Depressionsgefühl hingegen eine negative, und Isolation hätte als Bestrafung wahrgenommen werden müssen (deshalb wird in Gefängnissen Einzelhaft als Strafe eingesetzt). Stattdessen aber zogen die Patient*innen die Depression dem besseren seelischen Zustand vor und die Isolation den Kontakten. Warum? Weil zunächst eine *Überzeugungs*modifikation nötig ist.

Um die Überzeugungsmodifikation und ihre mögliche Wirkung auf eine Depression besser zu verstehen, möchte ich noch einmal zur Forschung über den Placebo-Effekt zurückkehren und die

Kehrseite der Medaille beleuchten: den *Nocebo-Effekt*.[5] Dieser Effekt kommt zum Tragen, wenn negative Überzeugungen über etwas eine negative Reaktion verursachen.

Eines der prominentesten Beispiele hierzu sind die Nebenwirkungen von Antidepressiva. Nach einer umfassenden Analyse von 143 Studien zum Nocebo-Effekt berichteten Patient*innen, die statt des Antidepressivums ein Placebo verabreicht bekamen, von Nebenwirkungen in unterschiedlicher Stärke, je nach dem vermeintlich eingenommenen Medikamententyp.[6] Menschen, die davon ausgingen, sie nähmen ein Trizyclicum, berichteten häufiger von Mundtrockenheit, Sehstörungen, Erschöpfungszuständen und Verstopfung als diejenigen, die angeblich einen selektiven Serotonin-Wiederaufnahmehemmer (SSRI) einnahmen. Diese erlitten die Art und Heftigkeit von Nebenwirkungen, die man ihnen als möglich angekündigt hatte. Beide Gruppen hatten gar kein Antidepressivum bekommen, dennoch berichteten sie von unterschiedlichen Nebenwirkungen, die allein aus ihrer Erwartung resultierten.

Bei der Depression schaffen wir uns unseren eigenen Nocebo-Effekt, *weil wir erwarten, dass sich nichts verbessern wird*. Die Depression ist also eine Nebenwirkung von einer Glaubensüberzeugung und der daraus resultierenden Erwartung: Sie wird sich nicht verändern, weil wir keine Kontrolle über sie haben. Sobald wir uns davon überzeugen, dass wir doch ein gewisses Maß an Kontrolle haben – verändert sie sich. In Abwandlung von Herbert Spiegels obigem Zitat könnte man sagen: »Der Nocebo-Effekt kann auftreten, wenn die Bedingungen für Verzweiflung, Unglauben, Misstrauen und Abneigung optimal sind.«

Wenn Sie schon einmal die Nebenwirkungen eines Medikaments durchgelesen haben, dann haben Sie es vermutlich anschließend bereut. Sobald wir daran denken, dass etwas Schlimmes passieren kann, verändert das unsere Erwartungen. Wenn wir depressiv sind, ist das, als hätten wir gegoogelt, was alles schiefgehen kann, und glaubten jetzt fest daran, dass es auch eintritt. Aber das muss nicht sein. Wie Allen Ginsberg uns erinnert: »Alle wollen fühlen und wollen geliebt werden und lieben, daher ist unvermeidlich Hoffnung unter jeder mürrischen Maske.«[7]

Alle Übungen in diesem Buch zielen darauf ab, Sie aus den Fesseln der negativen Nebenwirkungen der Depression zu lösen. Wir haben ihre Symptome als Gewohnheiten erkannt, die aus Überzeugungen entspringen, die unsere Zuversicht einschränken. Expert*innen, die sich mit Gewohnheiten beschäftigen, berichten uns, dass wir uns Ziele setzen können, um das Ergebnis (das, was wir zu erreichen hoffen), den Prozess (wie wir dorthin kommen) und unsere Identität (wie wir uns sehen) zu verändern. James Clear erklärt in seinem Buch *Die 1 %-Methode:*[8] »Gewohnheiten sind die Zinseszinsen der Selbstoptimierung.« Ich finde, das trifft zu, wenn es sich um gute Gewohnheiten handelt.

Wenn aber schlechte Gewohnheiten zur Depression führen, werden sie *zu Konto-Abhebungen des emotionalen Bankrotts*. Dies weist noch einmal darauf hin, dass Gewohnheiten, besonders Denk- und Handlungsgewohnheiten, unser Leben tiefgreifend beeinflussen können – in diese oder jene Richtung. Die Macht einer Gewohnheit liegt in ihrer Fähigkeit, Intentionen zu verstärken. Jede der Explorationsübungen in diesem Buch legt Nachdruck darauf, dass zuversichtliche Überzeugungen nötig sind, um unsere Denkgewohnheiten zu formen. Sie vermitteln die Fähigkeit, nicht nur den Blickwinkel zu verändern, sondern auch sich dem ins Auge gefassten Ziel anzunähern und damit vorwärtszukommen.

Keinen Tag auslassen

Um die Glaubensüberzeugungen für starke Zuversicht zu entwickeln, müssen Sie genauso am Ball bleiben, wie Ihre Depression es tut. Egal, was an anderen Dingen geschah, Ihre Depression lauerte immer im Hintergrund, um Ihnen ein Bein zu stellen und Ihnen die Hoffnung auf die Zukunft zu nehmen. Um diese Gewohnheit zu überwinden, müssen Sie sich mit Ihrem Werkzeugkasten Ihrer Fähigkeiten wappnen, um sich aus den Fesseln der Vergangenheit zu lösen, gegenwärtiger zu werden und positive Erwartungen für die Zukunft zu entwickeln. Wie der amerikanische Entwicklungsbiologe Bruce Lipton[9] erklärt: »Wenn man sich einmal klargemacht hat, dass man für seine Gedanken verantwortlich ist, dann *ist* man für seine Gedanken verantwortlich.«

Wie beginnen Sie diesen Prozess? Sie gehen jeden Tag in sich und sorgen dafür, dass Sie bewusst etwas für Ihr Wohlergehen tun. Ich zum Beispiel beginne nach dem Aufwachen oft den Tag mit einem Dankbarkeitsrückblick auf den vorhergegangenen Tag. Das lässt mich den Tag mit einer positiven Wahrnehmung beginnen.

Selbstexploration
Eine Fähigkeitentabelle anlegen

Je mehr Werkzeuge wir zur Verfügung haben, desto mehr Fähigkeiten entwickeln wir, wenn wir sie benutzen. Wenn Sie sich darauf vorbereiten, diese Fähigkeiten weiter zu pflegen, ist es sinnvoll, sie in einer Tabelle gesammelt aufzuschreiben. Dann können Sie jeden Tag im Kalender anstreichen, an dem Sie ein bestimmtes Werkzeug angewendet haben, und vielleicht sollten Sie einen Tag, an dem Sie ein neues Werkzeug gelernt haben, mit

> einer besonderen Farbe markieren. Wenn Sie zum Beispiel entdeckt haben, dass Sport eine fabelhafte Methode ist, um Niedergeschlagenheit zu bekämpfen und Ihr Wohlbefinden zu steigern (denn das leistet der Sport), und Sie gehen zum ersten Mal zum Yogakurs – dann sollte das eine besondere Farbe bekommen.
>
> Diese Strategie basiert auf einem Trick, der manchmal die »Seinfeld-Methode für mehr Produktivität« genannt wird. Der Comedian Jerry Seinfeld markierte seinen Kalender anscheinend an jedem Tag, an dem ihm ein Witz eingefallen war, mit einem großen X. Ziemlich rasch nahm er sich vor, die Serie nicht zu unterbrechen, und so gab er werdenden Comedian-Kolleg*innen den Rat: Keinen Tag auslassen. Jetzt gebe ich diesen Rat an Sie weiter.

Im Lauf der Zeit werden Sie auf viele Dinge stoßen, die nicht nur Niedergeschlagenheit und Depression in Schach halten, sondern Ihnen mehr Lebensfreude und -zufriedenheit vermitteln. Neue Meditationen, Speisen, körperliche Tätigkeiten, kreative Unternehmungen, positive Interventionen, Geselligkeit und Musik sind nur ein kleiner Ausschnitt aus der Vielfalt von Dingen, die Ihren Horizont erweitern und Ihr Wachstum befördern können.

Sie haben mit der Arbeit begonnen. Sie verändern Ihr Leben zum Besseren. Ich bewundere Sie für den Weg, den Sie eingeschlagen haben, und hoffe, ich kann Sie unterstützen, wenn wir gemeinsam vorwärtsgehen. Machen wir weiter! Die Hoffnung ist da.

Danksagung

Beim Schreiben dieses Buchs über Hoffnung war ich mir häufig unsicher. Wie Sie erfahren haben, sind solche Gefühle notwendig, damit die Hoffnung aktiviert wird. Ebenso notwendig sind kluge Menschen, die Unterstützung, Leitung und Inspiration vermitteln. Wenn ich meinen Freund*innen, Verwandten oder Kolleg*innen meine noch unklar formulierten Ideen vorlegte, erhellten sie meinen Weg. Ich kann nur hoffen, eines Tages für andere zu leisten, was sie für mich getan haben.

Das Lektorat bei New Harbinger – von Wendy Millstine und Jennye Garibaldi zu Jennifer Holder sowie Clancy Drake und Teja Watson – war hervorragend. Unaufhörlich verbesserten ihre Ermutigung, Anteilnahme und ihre Vorschläge mein Schreiben und gaben meinen Ideen Form und Substanz. Diesen wunderbaren Hüterinnen des geschriebenen Worts bin ich zutiefst dankbar.

Martin Seligmans Lebenswerk und sein weltweiter Einfluss haben die Aufmerksamkeit von Wissenschaftler*innen, Lehrer*innen, Manager*innen, Ärzt*innen, Coaches, Therapeut*innen und dem Militär und die Vorstellungskraft der Menschen in aller Welt gefangen genommen – mit gutem Grund. Seine tiefen Einsichten, seine scharfsinnige Forschung und sein Pioniergeist haben unsere Ansichten über das Wohlergehen der Welt umgekrempelt. Ich hatte das Glück, bei Marty zu studieren und seit 2012 beim Masterprogramm für angewandte Positive Psychologie (MAPP) an der University of Pennsylvania als sein Assistent zu fungieren. Er hat mir in einem Ausmaß persönliches und berufliches Wachstum ermöglicht, das ich mir niemals hätte träumen lassen. Und dafür bin ich ihm mehr als dankbar.

James Pawelski, Professor für psychologische Praxis und Studiendekan an der UPenn, ist ein Mentor und Vorbild. Auch ihm durfte ich zu meinem Glück seit 2012 in seinen humanwissenschaftlichen Seminaren im MAPP-Programm assistieren. James' schriftstellerische Detailversessenheit, seine Offenheit als Lehrer und sein Charme als Kommunikator sind eine nie versiegende Quelle der Inspiration.

Die Gemeinschaft des MAPP übersteigt ein normales akademisches Programm bei weitem, und ich habe seit Beginn meines dortigen Studiums 2011 Lehrer*innen, Kolleg*innen und Freund*innen gefunden, die unaufhörlich meine schriftstellerische und persönliche Entwicklung unterstützen, herausfordern und fördern. Leon Brandwene, Johannes Eichstaedt, Dan Bowling, Dan Lerner, Reb und Amy Rebele, Elaine O'Brien, Jennifer Cory, Jordyn Feingold, Cory Muscara, Scott Asalone, Andrew Soren, Julia King, Sophia Kokores, Henry Edwards, Gloria Park, David Yaden, Anne Bradford, Emily Esfahani Smith, Suzann Pileggi Pawelski, Laura Taylor, Mary Bit Smith, Katheryn Britton, Lisa Sansom, Pete Berridge, Shannon Polly, Caroline Adams Miller, Louisa Jewels, Kunal Sood, Emilia Lahti und Jan Sanley sind wahre Vertreter*innen der berühmten »Magie des MAPP«. Ich bin ein besserer Mensch, weil sie alle zu meinem Leben gehören.

Führende Wissenschaftler*innen in diesem Forschungsfeld, deren Einfluss meinen Weg mit Leuchtfeuern erhellt, sind Ryan Niemiec, Barbara Fredrickson, Bob Vallerand, Scott Barry Kaufman, Adam Grant, Angela Duckworth, Tal Ben-Shahar, Judy Saltzberg

Levick, Tayyab Rashid, Joan Beasley, Nina Garcia, Bob und Jacquie Siroka und Alan Schlechter.

Am Teachers College der Columbia University bin ich besonders Lisa Miller verpflichtet, der Gründerin des Spirituality Mind Body Institute, sowie Aurélie Athan, akademische Direktorin und Direktorin des klinischen Trainings, und Randall Richardson, Programmdirektor für Schulpsychologie am Department of Counseling and Clinical Psychology, für ihre nie endende Ermutigung und Unterstützung für Selbsterfahrungsseminare. Viele der Explorationsübungen in diesem Buch waren Teil der Unterrichtserfahrungen, und das Feedback der Studierenden hat dazu beigetragen, sie zu etwas Zugänglichem zu formen. Besonders zu erwähnen ist Charly Jaffe, der an einem dieser Kurse teilgenommen hat und eine große Hilfe dabei war, die Quellen für die Anmerkungen zusammenzustellen.

Schließlich sind da noch die mir nächststehenden Menschen. Joel und Marilyn Morgovsky sind lebenslange Freunde, deren Gegenwart in meinem Leben ein bleibender Schatz ist, ebenso wie die von Andrea Szucs, meiner Liebe und Muse, die diese Prinzipien der Hoffnung mit mir teilt und gemeinsam praktiziert. Meine dynamische und inspirierende Tochter Devon Tomasulo und mein lieber Schwiegersohn Spencer haben kürzlich meinem ersten Enkel das Leben geschenkt, Callahan Thomas Fetrow. Es ist eine unglaubliche Freude, ihn im Arm zu halten und das gesamte Potenzial seiner Zukunft zu spüren. Er repräsentiert alles, wovon dieses Buch handelt: »Staunen, Hoffnung, ein Traum von Möglichkeiten.«

Dr. Dan Tomasulo gehört zum Lehrendenkollegium am Spirituality Mind Body Institute (SMBI) am Teachers College der Columbia University und ist von *Sharecare* als einer der Top-Ten-Influencer auf dem Gebiet der Depression erklärt worden. Er trägt einen Doktortitel in Psychologie, einen Master of Fine Arts in Writing und einen Master in Angewandter Positiver Psychologie von der University of Pennsylvania. Als Vortragsredner über Themen, die mit Angewandter Positiver Psychologie verbunden sind, wird er international nachgefragt. Er ist Autor der täglich erscheinenden Kolumne »Ask the Therapist« und des *Learned Hopefulness*-Blogs auf www.psychcentral.com. Sein preisgekröntes Memoir *American Snake Pit* erschien 2018.

Dr. Scott Barry Kaufman, der Autor des Vorworts, ist Gastgeber von *The Psychology Podcast* und Autor von *Transcend*.

Anmerkungen

Vorwort

1. E. P. Torrance, »The importance of falling in love with ›something‹«, Creative Child & Adult Quarterly, 5(2), 1983, S. 72–78.
2. A. Maslow, Toward a Psychology of Being (New York: D. Van Nostrand Company, 1968).

Einleitung

1. K. Sim, W. K. Lau, J. Sim, M. Y. Sum und R. J. Baldessarini, »Prevention of Relapse and Recurrence in Adults with Major Depressive Disorder: Systematic Review and Meta-Analyses of Controlled Trials«, The International Journal of Neuropsychopharmacology 19 (2) (2015). (Die Häufigkeit des Wiederauftretens liegt bei über 85 Prozent innerhalb von zehn Jahren nach Erfassung einer depressiven Episode und im Schnitt bei 50 Prozent oder mehr innerhalb von sechs Monaten nach der scheinbaren klinischen Remission, wenn die ursprünglich wirkungsvolle Behandlung nicht fortgesetzt wird.)
2. S. L. Burcusa und W. G. Iacono, »Risk for Recurrence in Depression«, Clinical Psychology Review 27(8) (2007): S. 959–985. »Mindestens 50 Prozent der Patient*innen, die von einer ersten Depressionsepisode geheilt werden, erleben eine oder mehrere zusätzliche Episoden, und etwa 80 Prozent der Patient*innen mit zwei Episoden haben einen weiteren Rückfall.«
3. T. Rashid und M. P. Seligman, Positive Psychotherapy. Clinician Manual (Oxford University Press, 2018).
4. G. A. Fava und C. Ruini, »Development and Characteristics of a Well-Being Enhancing Psychotherapeutic Strategy: Well-Being Therapy«, Journal of Behavior Therapy and Experimental Psychiatry 34 (2003): S. 45–63. (Dieser Aufsatz beschreibt die Haupteigenschaften und technischen Charakteristika einer neuartigen Psychotherapieform, der Well-Being Therapy. Der Artikel umreißt den Hintergrund ihrer Entwicklung, Struktur, Schlüsselkonzepte und technischen Aspekte.)

Kapitel 1: Positive Psychologie als Wissenschaft der Zuversicht

1. M. E. P. Seligman, »Positive Psychology: A Personal History«, Annual Review of Clinical Psychology 15(1) (2018): S. 23.
2. S. F. Maier und M. E. Seligman, »Learned Helplessness at Fifty: Insights from Neuroscience«, Psychological Review 123(4) (2016): 349–367.
3. Ebd.
4. J. S. Cheavens, J. E. Heiy, D. B. Feldman, C. Benitez und K. L. Rand, »Hope, Goals, and Pathways: Further Validating the Hope Scale with Observer Ratings«, The Journal of Positive Psychology 14(4) (2019): S. 452–462.
5. B. L. Fredrickson, »Positive Emotions Broaden and Build«, in: Advances in Experimental Social Psychology, 47, hrsg. von P. Devine und A. Plant (Burlington, MA: Academic Press, 2013): S. 1–53. (Ein bis in die Gegenwart reichender Überblick über ein auf fünfzehn Jahre angelegtes Forschungsprojekt über die Broaden-and-Build-Theorie positiver Emotionen.)
6. K. Herth, »Abbreviated Instrument to Measure Hope: Development and Psychometric Evaluation«, Journal of Advanced Nursing 17(10) (1992): S. 1251–1259. (Diese Forschungsarbeit verfolgte den Zweck, ein vereinfachtes Instrument zur Einschätzung der Hoffnung Erwachsener im klinischen Umfeld zu entwickeln und psychometrisch zu evaluieren.)
7. B. L. Fredrickson, »Positive Emotions Broaden and Build«, in: Advances in Experimental Social Psychology, 47, hrsg. von P. Devine und A. Plant (Burlington, MA: Academic Press, 2013): S. 1–53.
8. C. J. Farran, K. A. Herth und J. M. Popovich, Hope and Hopelessness: Critical Clinical Constructs (Thousand Oaks, CA: Sage Publications, Inc., 1995). (Dieses Buch versammelt 27 kollektive Arbeitsjahre im Gebiet der Hoffnung und Hoffnungslosigkeit mit einem besonderen Augenmerk auf den positiven Aspekten der Hoffnung und ihrer Beziehung zur Gesundheit.)
9. B. L. Fredrickson, »The Role of Positive Emotions in Positive Psychology: The Broaden-and-Build Theory of Positive Emotions«, The American Psychologist 56(3) (2001): S. 218–226. (Die Broaden-and-Build-Theorie postuliert, dass die Erfahrung positiver Emotionen das momentane Gedanken-Handlungs-Repertoire erweitert, welches wiederum dazu beiträgt, die dauerhaften persönlichen Ressourcen aufzubauen, von physischen und intellektuellen bis zu sozialen und psychischen Ressourcen.)
10. A. Vaish, T. Grossmann und A. Woodward, »Not All Emotions Are Created Equal: The Negativity Bias in Social-Emotional Development«, Psychological Bulletin 134(3) (2008): S. 383–403. (Bei zahlreichen psychologischen Situationen und Aufgaben lassen Erwachsene eine Negativitätsverzerrung erkennen beziehungsweise die Neigung, auf negative Informationen weit mehr zu achten, von ihnen zu lernen und sie zu benutzen, als dies bei positiven Informationen der Fall

ist. Die Autoren diskutieren ontogenetische Mechanismen, die der Entstehung dieser Verzerrung zugrunde liegen, und untersuchen nicht nur ihre evolutionären, sondern auch ihre entwicklungsbezogenen Funktionen und Wirkungen.)
11. S. F. Maier und M. E. Seligman, »Learned Helplessness at Fifty: Insights from Neuroscience«, Psychological Review 123(4) (2016): S. 349–367.
12. M. E. P. Seligman, Learned Optimism: How to Change Your Mind and Your Life (New York: Vintage Books, 2006).
13. T. Rashid, »Positive Psychotherapy: A Strength-Based Approach«, The Journal of Positive Psychology 10(1) (2015): S. 25–40.
14. K. A. Herth, »Development and Implementation of a Hope Intervention Program«, Oncology Nursing Forum 28 (6) (2001): S. 1009–1016. (Dieser Aufsatz beschreibt die Entwicklung und Evaluation des Hope Intervention Program, oder HIP, das auf dem Hope Process Framework basiert und entworfen wurde, um die Hoffnung zu verstärken.)
15. C. Feudner, »Hope and the Prospects of Healing at the End of Life«, The Journal of Alternative and Complementary Medicine 11(1) (2005): S. 23–30. (Dieser Aufsatz beschäftigt sich mit möglichen Interventionen und darauf bezogenen Evaluierungsmöglichkeiten, die die Aussichten auf Heilung am Lebensende verbessern wollen.)
16. A. Duckworth, Grit: The Power of Passion and Perseverance (New York: Scribner, 2016), S. 169.
17. B. L. Fredrickson, »The Role of Positive Emotions in Positive Psychology: The Broaden-and-Build Theory of Positive Emotions«, The American Psychologist 56(3) (2001): S. 218–226.
18. B. Fredrickson, Positivity: Top-Notch Research Reveals the 3 to 1 Ratio that Will Change Your Life (New York: Harmony Books, 2009).
19. Dies war die Prämisse meines Theaterstücks Negatively Oriented Therapy (NOT.)
20. S. Nolen-Hoeksema, B. E. Wisco und S. Lyubomirsky, »Rethinking Rumination«, Perspectives on Psychological Science 3(5) (2008): S. 400–424.
21. P. Zimbardo und J. Boyd, The Time Paradox: The New Psychology of Time That Will Change Your Life (New York: Simon and Schuster, 2008): S. 62.
22. E. Livni, »A Nobel Prize-Winning Psychologist Says Most People Don't Really Want to Be Happy«, Quartz, 21. Dezember, 2018; https://qz.com/1503207/a-nobel-prize-winning-psychologist-defines-happiness-versus-satisfaction/.
23. S. C. Cramer, M. Sur, B. H. Dobkin, C. O'Brien, T. D. Sanger, J. Q. Trojanowski et al., »Harnessing Neuroplasticity for Clinical Applications«, Brain 134(6) (2011): S. 1591–1609.
24. P. Kini, J. Wong, S. Mclnnis, N. Gabana und J. Brown, »The Effects of Gratitude Expression on Neural Activity«, Neuroimage 128(2016): S. 1–10. (Die Studie stellte fest, dass eine einfache Intervention der schriftlichen Äußerung von

Dankbarkeit mit einer deutlich größeren und bleibenden neuralen Sensitivität für Dankbarkeit einherging – Studienteilnehmer*innen, die Dankesbriefe geschrieben hatten, zeigten sowohl in ihrem Verhalten einen Zuwachs an Dankbarkeit, als auch drei Monate später eine deutlich größere neurale Modulation durch Dankbarkeit im medialen präfrontalen Kortex.)

25. A. M. Wood, J. Maltby, R. Gillett, P. A. Linley und S. Joseph, »The Role of Gratitude in the Development of Social Support, Stress, and Depression: Two Longitudinal Studies«, Journal of Research in Personality 42(4) (2008): S. 854–871. (Dankbarkeit ganz allgemein scheint direkt soziale Unterstützung zu fördern und die Menschen vor Stress und Depression zu schützen, was Implikationen für klinische Interventionen hat.)
26. C. S. Dweck, Mindset: The New Psychology of Success (New York: Random House, 2006).
27. T. Lomas, J. J. Froh, R. A. Emmons, A. Mishra und G. Bono, The Wiley Blackwell Handbook of Positive Psychological Interventions (Hoboken, NJ: Wiley-Blackwell, 2014), S. 1.
28. M. E. P. Seligman, Learned Optimism: How to Change Your Mind and Your Life (New York: Vintage Books, 2006).
29. M. E. Seligman, T. A. Steen, N. Park und C. Peterson, »Positive Psychology Progress: Empirical Validation of Interventions«, American Psychologist 60 (5) (2005): S. 410.
30. A. M. Grant und F. Gino, »A Little Thanks Goes a Long Way: Explaining Why Gratitude Expressions Motivate Prosocial Behavior«, Journal of Personality and Social Psychology 98(6) (2010): S. 946–955. (Die Autoren meinen, dass die Äußerung von Dankbarkeit durch agentische und gemeinschaftliche Mechanismen prosoziales Verhalten verstärken kann: Wenn zum Beispiel Helfenden für ihre Mühe gedankt wird, verstärken sich ihre Gefühle der Selbstwirksamkeit und des sozialen Werts, was sie wiederum motiviert, sich prosozial zu verhalten.)

Kapitel 2: Möglichkeiten sehen

1. C. S. Dweck, Mindset: The New Psychology of Success (New York: Random House, 2006).
2. M. L. Peters, I. K. Flink, K. Boersma und S. J. Linton, »Manipulating Optimism: Can Imagining a Best Possible Self Be Used to Increase Positive Future Expectancies?«, The Journal of Positive Psychology 5(3) (2010): S. 204–211. (Die Teilnehmenden in der Studie zum Nachdenken über eine positive Zukunft schrieben fünfzehn Minuten lang über ihr bestmögliches Selbst (BMS oder BPS für best possible self), worauf fünf Minuten mentaler bildlicher Vorstellung folgten. Die Resultate lassen darauf schließen, dass die Vorstellung von einer posi-

tiven Zukunft tatsächlich die Erwartung einer positiven Zukunft steigern kann.)
3. W. Cohen, Drucker on Leadership: New Lessons from the Father of Modem Management (San Francisco: Jossey-Bass, 2010): S. 4.
4. H. D. Thoreau, Walden (New York: Thomas Crowell, 1910): S. 427.
5. M. L. Peters, Y. M. Meevissen und M. M. Hanssen,»Specificity of the Best Possible Self Intervention for Increasing Optimism: Comparison with a Gratitude Intervention«, Terapia Psicológica, 1(1) (2013): S. 93–100. (Die vorliegende Studie verglich die Wirkung einer einwöchigen BMS-Intervention mit einer einwöchigen Dankbarkeitsintervention auf Lebenszufriedenheit und Optimismus. Die fünfminütige Übung für das bestmögliche Selbst führte zu einer signifikanten Zunahme von Lebenszufriedenheit und Optimismus – mehr noch als die Dankbarkeit.)
6. P. M. Loveday, G. P. Lovell und C. M. Jones, »The Best Possible Selves Intervention: A Review of the Literature to Evaluate Efficacy and Guide Future Research«, Journal of Happiness Studies 19(2) (2018): S. 607–628. (Seit den ersten Anfängen der BMS-Aktivität im Jahr 2001 haben sich mehr als dreißig Studien damit beschäftigt und nachgewiesen, dass es sich dabei um eine gangbare Intervention handelt, um Optimismus, positive Affekte, Gesundheit und Wohlbefinden zu steigern. Dieser Artikel unterzieht die Ergebnisse der BMS-Literatur einer kritischen Sichtung und schlägt zukünftige Forschungsfelder vor.)
7. T. Bipp, A. Kleingeld, H. van Mierlo und W. Kunde, »The Effect of Subconscious Performance Goals on Academic Performance«, The Journal of Experimental Education 83(3) (2017): S. 469–485.
8. »Cogito, ergo sum«, Wikipedia, zuletzt bearbeitet am 27. November, 2019; https://en.wikipedia.org/wiki/Cogito,_ergo_sum.
9. Landy, R. J. (1996), Persona and performance: The meaning of role in drama, therapy, and everyday life. Guilford Press.
10. Kok, B. E., Coffey, K. A., Cohn, M. A., Catalino, L. I., Vacharkulksemsuk, T., Algoe, S. B., und B. L. Fredrickson (2013),»How positive emotions build physical health: Perceived positive social connections account for the upward spiral between positive emotions and vagal tone«, Psychological Science, 24(7), S. 1123–1132.
11. Ebd. (Die Autoren stellen die Hypothese auf, dass die Dynamik einer Aufwärtsspirale ständig die Verbindung zwischen positiven Emotionen und körperlicher Gesundheit verstärkt und dass diese Spirale durch die Wahrnehmung der Menschen von ihren positiven sozialen Beziehungen vermittelt wird. Dieser experimentelle Nachweis identifizierte einen Mechanismus – die Wahrnehmung sozialer Beziehungen –, durch den positive Emotionen körperliche Gesundheit aufbauen, die durch den Vagotonus erfasst wird.)
12. Ebd.

Kapitel 3: Schönes, Hilfreiches und Gutes wahrnehmen
1. G. L. Paul, »The Production of Blisters by Hypnotic Suggestion: Another Look«, Psychosomatic Medicine 25(3) (1963): S. 233–244.
2. D. G. Hammond, »Integrating Clinical Hypnosis and Neurofeedback«, American Journal of Clinical Hypnosis 61(4) (2019), S. 302–321.
3. V. E. Frankl, The Harvard Lectures, 1961, Archiv-Nr. 19612, (Wien: Viktor Frankl Archiv).
4. K. W. Brown und R. M. Ryan, »The Benefits of Being Present: Mindfulness and its Role in Psychological Well-Being«, Journal of Personality and Social Psychology 84(4) (2003): S. 822–848. (Eine Studie, in der stichprobenartig Erfahrungen gesammelt wurden, zeigt, dass sowohl die dispositionelle Achtsamkeit als auch die Achtsamkeit als Gesamtzustand selbstreguliertes Verhalten und einen positiven Gefühlszustand voraussagt. Schließlich zeigt eine klinische Studie mit Krebspatienten, dass ein allmählicher Zuwachs an Achtsamkeit in Beziehung steht zu einer Abnahme von Stimmungsschwankungen und Stress.)
5. E. R. Tomlinson, O. Yousaf, A. D. Vitterso und L. Jones, »Dispositional Mindfulness and Psychological Health: A Systematic Review«, Mindfulness 9(1) (2018): S. 23–43. (Es schälten sich drei Hauptthemen heraus, die die Beziehung zwischen DA und psychischer Gesundheit abbilden: 1. DA scheint in umgekehrtem Verhältnis zu psychopathologischen Symptomen wie Depressionssymptomen zu stehen; 2. DA ist positiv verbunden mit adaptiven kognitiven Prozessen, wie zum Beispiel vermindertem Grübeln und katastrophischen Schmerzerwartungen; und 3. scheint DA mit besserer emotionaler Verarbeitung und Regulierung zusammenzuhängen.)
6. M. J. Murphy, L. C. Mermelstein, K. M. Edwards und C. A. Gidycz, »The Benefits of Dispositional Mindfulness in Physical Health: A Longitudinal Study of Female College Students«, Journal of American College Health 60(5) (2012): S. 341–348. (Dieser Aufsatz untersucht die Beziehung zwischen DA, gesundheitsbezogenem Verhalten – wie Schlaf, Ernährung und Sport – und körperlicher Gesundheit.)
7. M. K. Rasmussen und A. M. Pidgeon, »The Direct and Indirect Benefits of Dispositional Mindfulness on Self-Esteem and Social Anxiety«, Anxiety, Stress, & Coping 24(2) (2011): S. 227–233. (Die vorliegende Studie untersucht die Beziehungen zwischen dispositioneller Achtsamkeit, Selbstachtung und Sozialangst, basierend auf der Abfrage von Selbstbeobachtungen.)
8. J. Kabat-Zinn, Wherever You Go, There You Are: Mindfulness Meditation in Everyday Life (Hachette Books: 2005): S. 4.
9. A. Ginsberg, Cosmopolitan Greetings: Poems 1986–1992 (New York: Harper Collins, 1995).
10. T. Rashid und M. P. Seligman, Positive Psychotherapy: Clinician Manual (Oxford University Press, 2018).

Kapitel 4: Positive Gefühle pflegen

1. Robert M. Sapolsky, Why Zebras Don't Get Ulcers (New York: Henry Holt and Company, 2004).
2. B. L. Fredrickson, Positivity: Top-Notch Research Reveals the 3 to 1 Ratio that Will Change Your Life (New York: Harmony Books, 2009).
3. S. F. Maier and M. E. P. Seligman, »Learned Helplessness at Fifty: Insights from Neuroscience«, Psychological Review 123(4) (2016): S. 349–367.
4. M. E. P. Seligman, Learned Optimism: How to Change Your Mind and Your Life (New York: Vintage Books, 2006).
5. I. D. Yalom und M. Leszcz, The Theory and Practice of Group Psychotherapy, 5. Aufl. (New York: Basic Books, 2005): S. 4.
6. C. R. Snyder, A. B. LaPointe, J. Jeffrey Crowson und S. Early, »Preferences of High- and Low-Hope People for Self-Referential Input«, Cognition & Emotion 12(6) (1998): S. 807–823.
7. S. J. Lopez, Making Hope Happen: Create the Future You Want for Yourself and Others (New York: Simon and Schuster, 2013).
8. K. D. Neff, K. L. Kirkpatrick und S. S. Rude, »Self-Compassion and Adaptive Psychological Functioning«, Journal of Research in Personality 41(1) (2007): S. 139–154.
9. Yang, Y., Zhang, M. Y. und Y. Kou (2016), »Self-compassion and life satisfaction: The mediating role of hope«, Personality and Individual Differences, 98, S. 91–95.
10. L. Shapiro, Embodied Cognition, 2. Aufl. (New York: Routledge, 2019). (Embodied Cognition ist eine Neuentwicklung der Psychologie, die Therapeut*innen oft so darstellen, als machte sie die Standardkognitionswissenschaft überflüssig. Lawrence Shapiro stellt die zentralen Themen dar und diskutiert die umgebende Embodied Cognition, er liefert eine Erklärung und Einschätzung der Arbeit von vielen Schlüsselfiguren auf diesem Gebiet.)
11. Glenberg, A. M., Havas, D., Becker, R., und M. Rinck (2005), »Grounding language in bodily states«, Grounding cognition: The role of perception and action in memory, language, and thinking, S. 115–128.
12. R. Wiseman, The As If Principle: The Radically New Approach to Changing Your Life (New York: Simon and Schuster, 2014). (Das Als-ob-Prinzip bietet echte, brauchbare Lösungen für Ihre tagtäglichen Ziele, während es Ihnen gleichzeitig hilft, sofort die Kontrolle über Ihre Emotionen zu übernehmen.)
13. E. J. Langer, Counterclockwise: Mindful Health and the Power of Possibility (New York: Ballantine Books, 2009).
14. M. M. Tugade und B. L. Fredrickson, »Regulation of Positive Emotions: Emotion Regulation Strategies That Promote Resilience«, Journal of Happiness Studies 8 (3) (2007): S. 311–333.

15. I. W. Hung und A. A. Labroo, »From Firm Muscles to Firm Willpower: Understanding the Role of Embodied Cognition in Self-Regulation«, Journal of Consumer Research 37(6) (2011): S. 1046–1064; https://www.jstor.org/stable/10.1086/657240?seq=l#metadata_info_tab_contents.
16. J. C. Bays, How to Train a Wild Elephant: And Other Adventures in Mindfulness (Boulder, CO: Shambhala Publications, 2011).
17. B. Tracy, Eat that Frog!: 21 Great Ways to Stop Procrastinating and Get More Done in Less Time (San Francisco: Berrett-Koehler Publishers, 2007).
18. R. Friedman und A. J. Elliot, »The Effect of Arm Crossing on Persistence and Performance«, European Journal of Social Psychology 38(3) (2008): S. 449–461.
19. D. R. Carney, A. J. Cuddy und A. J. Yap, »Power Posing: Brief Nonverbal Displays Affect Neuroendocrine Levels and Risk Tolerance«, Psychological Science 21 (10) (2010): S. 1363–1368.
20. J. M. Ackerman, C. C. Nocera und J. A. Bargh, »Incidental Haptic Sensations Influence Social Judgments and Decisions«, Science 328(5986) (2010): S. 1712–1715.
21. C. B. Zhong und K. Liljenquist, »Washing Away Your Sins: Threatened Morality and Physical Cleansing«, Science 313(5792) (2006): S. 1451–1452.
22. K. W. Brown, R. M. Ryan und J. D. Creswell, »Mindfulness: Theoretical Foundations and Evidence for Its Salutary Effects«, Psychological Inquiry 18(4) (2007): S. 211–237.
23. J. Haidt, »The Positive Emotion of Elevation«, Prevention & Treatment 3(1) (März 2000).

Kapitel 5: Den Fokus auf die eigenen Stärken legen

1. »Uruguayan Air Force Flight 571«, Wikipedia, zuletzt überarbeitet 2. Dezember 2019; https://en.wikipedia.org/wiki/Uruguayan_Air_Force_Flight_571.
2. Gillham, J., Reivich, K., und M. Seligman [als Forscher geannt], »Resilience in Children: The Penn Resilience Program for Middle School Students«, University of Pennsylvania, Positive Psychology Center; https://ppc.sas.upenn.edu/research/resilience-children.
3. University of Pennsylvania, Positive Psychology Center, »Resilience Training for the Army«; https://ppc.sas.upenn.edu/services/resilience-training-army.
4. C. Peterson und M. E. Seligman, Character Strengths and Virtues: A Handbook and Classification 1 (Oxford University Press, 2004).
5. American Psychiatric Association, Diagnostic and Statistical Manual of Mental Disorders (DSM-5®) (Arlington, VA: American Psychiatric Association Publishing, 2013).
6. VIA Institute on Character Website, www.viacharacter.org.

7. C. Peterson und M. E. Seligman, Character Strengths and Virtues: A Handbook and Classification 1 (Oxford University Press, 2004).
8. VIA Institute on Character, »Character Strengths«, www.viacharacter.org/character-strengths-via.
9. P. Freidlin, H. Littman-Ovadia und R. M. Niemiec, »Positive Psychopathology: Social Anxiety Via Character Strengths Underuse and Overuse«, Personality and Individual Differences 108(2017): S. 50–54.
10. Ebd.
11. R. Niemiec, »The Overuse of Strengths: 10 Principles«, PsyCRITIQUES 59(33): (2014); https://psqtest.typepad.com/blogPostPDFs/TheOveruseOfStrengths_8-18-20l4.pdf.
12. B. Springsteen, Born to Run (New York: Simon and Schuster, 2017).

Kapitel 6: Herausfordernde Ziele setzen

1. C. J. Farran, K. A. Herth und J. M. Popovich, Hope and Hopelessness: Critical Clinical Constructs (Thousand Oaks, CA: Sage Publications, Inc., 1995).
2. W. Kuyken, F. C. Warren, R. S. Taylor, B. Whalley, C. Crane, G. Bondolfi et al., »Efficacy of Mindfulness-Based Cognitive Therapy in Prevention of Depressive Relapse: An Individual Patient Data Meta-Analysis from Randomized Trials«, JAMA Psychiatry 73(6) (2016): S. 565–574.
3. L. Liu, Z. Gou und J. Zuo, »Social Support Mediates Loneliness and Depression in Elderly People«, Journal of Health Psychology 21(5) (2016): S. 750–758.
4. K. B. Lawlor, »Smart Goals: How the Application of Smart Goals Can Contribute to Achievement of Student Learning Outcomes«, in: Developments in Business Simulation and Experiential Learning: Proceedings of the Annual ABSEL Conference 39 (2012).
5. K. Reivich und A. Shatté, The Resilience Factor. 7 Essential Skills for Overcoming Life's Inevitable Obstacles (New York: Broadway Books, 2002).
6. J. M. Grohol, »15 Common Cognitive Distortions«, PsychCentral, zuletzt überarbeitet 24. Juni 2019; https://psychcentral.com/lib/15-common-cognitive-distortions/.
7. E. Weinstein, »Automatic Negative Thoughts: Got ANTS on the Brain?«, zuletzt überarbeitet 10. Mai 2019; https://psychcentral.com/blog /automatic-negative-thoughts-got-ants-on-the-brain/.
8. Gillham, J., Reivich, K., und Seligman, M. [als Forscher genannt], »Resilience in Children: The Penn Resilience Program for Middle School Students«, University of Pennsylvania, Positive Psychology Center; https://ppc.sas.upenn.edu/research/resilience-children.
9. Trustees of the University of Pennsylvania, Positive Psychology Center, »Resi-

lience Training for the Army«; https://ppc.sas.upenn.edu/services/resilience-training-army.
10. K. McGonigal, »How to make stress your friend«, TEDGlobal 2013; https://www.ted.com/talks/kelly_mcgonigal_how_to_make_stress_your_friend.
11. K. McGonigal, The Upside of Stress: Why Stress Is Good for You, and How to Get Good at It (New York: Penguin, 2016).

Kapitel 7: Einen Lebenssinn finden

1. Emily Esfahani Smith, The Power of Meaning: Crafting a Life that Matters (New York: Random House, 2017).
2. A. Duckworth, Grit: The Power of Passion and Perseverance (New York: Scribner, 2016).
3. C. Schiller, »The As If Principle: Richard Wiseman Shows How Faking It Actually Helps You Make It«, Blinklist Magazine, 7. December 2014; https://www.blinkist.com/magazine/posts/principle-richard-wiseman-shows-faking-actually-helps-make?utm_source=cpp.
4. K. M. Krpan, E. Kross, M. G. Berman, P. J. Deldin, M. K. Askren und J. Jonides, »An Everyday Activity as a Treatment for Depression: The Benefits of Expressive Writing for People Diagnosed with Major Depressive Disorder«, Journal of Affective Disorders 150 (3) (2013): S. 1148–1151.
5. C. E. Ackerman, »83 Benefits of Journaling for Depression, Anxiety and Stress«, 20. November 2019, PositivePsychology.com; https://positivepsychology.com/benefits-of-journaling/.
6. K. M. Robinson, »How Writing in a Journal Helps Manage Depression«, WebMD, 4. Dezember 2017; https://www.webmd.com/depression/features/writing-your-way-out-of-depression#1.
7. D. Tomasulo und A. Szucs, »The ACTing Cure: Evidence-Based Group Treatment for People With Intellectual Disabilities«, Dramatherapy, 37(2–3) (2015): S. 100–115.
8. D. Tomasulo, American Snake Pit: Hope, Grit, and Resilience in the Wake of Willowbrook (Fairfax, VA: Stillhouse Press, 2018).
9. D. Tomasulo, »What Is Self-Compassion?«; https://www.DanTomasulo.com.
10. Z. Moreno, Vorwort in: Robert Landry, The Couch and the Stage. Integrating Words and Action in Psychotherapy (New York: Jason Aronson, 2008), S. XI.
11. C. Lambert, »The Science of Happiness«, Harvard Magazine, Januar–Februar 2007; https://www.harvardmagazine.com/2007/01/the-science-of-happiness.html.
12. A. Ginsberg, Cosmopolitan Greetings (New York: Harper Collins, 1995).

Kapitel 8: Beziehungen wertschätzen

1. J. Hari, Lost Connections. Uncovering the Real Causes of Depression – And the Unexpected Solutions (Bloomsbury Publishing pic, 2019).
2. L. Mineo, »Good Genes Are Nice, But Joy Is Better«, The Harvard Gazette, 11. April 2017; https://news.harvard.edu/gazette/story/2017/04/over-nearly-80-years-harvard-study-has-been-showing-how-to-live-a-healthy-and-happy-life/.
3. R. Waldinger, »What Makes a Good Life? Lessons from the Longest Study on Happiness«, TEDxBeaconStreet, November 2015, https://www.ted.com/talks/robert_waldinger_what_makes_a_good_life_lessons_from_the_longest_study_on_happiness?language=en.
4. S. Stossel, »What Makes Us Happy, Revisited«, The Atlantic, Mai 2013; https://www.theatlantic.com/magazine/archive/2013/05/thanks-mom/309287/.
5. D. J. Tomasulo, »The Virtual Gratitude Visit (VGV): Using Psychodrama and Role-Playing as a Positive Intervention«, in: Positive Psychological Intervention Design and Protocols for Multi-Cultural Contexts (New York: Springer, 2019): S. 405–413.
6. M. E. Seligman, T. A. Steen, N. Park und C. Peterson, »Positive Psychology Progress: Empirical Validation of Interventions«, American Psychologist 60(5) (2005): S. 410.
7. J. W. Koo, »Brain-Derived Neurotrophic Factor Is a Miracle Fertilizer for Our Brain?«, Atlas of Science, 22. Juni 2016; https://atlasofscience.org/brain-derived-neurotrophic-factor-is-a-miracle-fertilizer-for-our-brain/.
8. S. Douglas, »Running from the Pain«, Slate, 12. März 2018; https://slate.com/technology/2018/03/exercise-is-as-effective-as-antidepressants-for-many-cases-of-depression.html.
9. E. Jaffe, »The Psychological Study of Smiling«, APS Observer 23(10) (2011); https://www.psychologicalscience.org/observer/the-psychological-study-of-smiling.
10. B. Fredrickson, Love 2.0: How Our Supreme Emotion Affects Everything We Feel, Think, Do, and Become (New York: Avery, 2013); »The Big Idea: Barbara Fredrickson on Love 2.0.« The Daily Beast, 12. Juli 2017.
11. S. Carnazzi, »Kintsugi: the Art of Precious Scars«, Lifegate, undatiert; https://www.lifegate.com/people/lifestyle/kintsugi.
12. S. L. Gable, H. T. Reis, E. A. Impett und E. R. Asher, »What Do You Do When Things Go Right?: The Intrapersonal and Interpersonal Benefits of Sharing Positive Events«, Journal of Personality and Social Psychology 87(2) (2004): S. 228–245.
13. E. E. Smith, »Masters of Love«, The Atlantic, 12. Juni 2014.

Kapitel 9: Leben, wie man es sich erträumt hat

1. »The Power of the Placebo Effect«, Harvard Health Publishing, Mai 2017, zuletzt überarbeitet 9. August 2019; https://www.health.harvard.edu/mental-health/the-power-of-the-placebo-effect.
2. M. Talbot, »The Placebo Prescription«, The New York Times Magazine, 9. Januar 2000; https://www.nytimes.com/2000/01/09/magazine/the-placebo-prescription.html.
3. T. Rashid und M. P. Seligman, Positive Psychotherapy. Clinician Manual (Oxford University Press, 2018).
4. J. Dispenza, You Are the Placebo: Making Your Mind Matter (Carlsbad, CA: Hay House, Inc., 2014).
5. P. Enck und W. Häuser, »Beware the Nocebo Effect«, The New York Times, 10. August 2012; https://www.nytimes.com/2012/08/12/opinion/sunday/beware-the-nocebo-effect.html.
6. L. Colloca und F. G. Miller, »The Nocebo Effect and Its Relevance for Clinical Practice«, Psychosomatic Medicine 73(7) (2011): S. 598–603.
7. A. Ginsberg, Spontaneous Mind: Selected Interviews, 1958–1996 (New York: Harper Collins, 2002), 15.
8. J. Clear, Atomic Habits: An Easy and Proven Way to Build Good Habits and Break Bad Ones (New York: Avery, 2018), 28.
9. B. H. Lipton, The Biology of Belief 10th Anniversary Edition: Unleashing the Power of Consciousness, Matter & Miracles (Carlsbad, CA: Hay House, 2015).

Die Psychologie der Akzeptanz

Stress, chronische Schmerzen, Ängste oder Probleme in unseren Beziehungen sind unliebsame Begleiter im Leben, die uns wertvolle Energie rauben. Steven C. Hayes hat sich in über dreißig Jahren psychologischer Forschung der Frage gewidmet, wie wir mit den Schattenseiten unseres Lebens konstruktiver umgehen können. Die Antwort des Begründers der Akzeptanz- und Commitmenttherapie (ACT) lautet: durch einen Kurswechsel im Kopf. Wenn wir lernen, Unerwünschtes gelassen anzunehmen, können wir unsere Energie dem zuwenden, was uns am Herzen liegt. In seinem wegweisenden Buch vermittelt Steven C. Hayes konkrete Strategien der psychischen Flexibilität, mit deren Hilfe wir endlich das Leben führen können, das uns wirklich erfüllt.

Steven C. Hayes
Kurswechsel im Kopf
Von der Kunst anzunehmen, was ist,
und innerlich frei zu werden
Aus dem Amerikanischen von Ursula Bischoff
Gebunden im Schutzumschlag, 496 Seiten
ISBN 978-3-407-86447-5

www.beltz.de

Jede Krise birgt auch eine Chance

Elf Monate nach seiner Befreiung aus dem Konzentrationslager hielt Viktor E. Frankl im März 1946 eine Reihe von Vorträgen. Der Psychologe, der später weltberühmt werden sollte, erklärte seine zentralen Gedanken zu Lebenssinn und Resilienz: Menschsein bedeutet in jeder Lebenslage Auch-anders-Können. Eindringliche Belege dafür sind seine eigenen schmerzhaften Erfahrungen von Verlust, Hunger und Todesangst, die dennoch Hoffnung, Freundschaft und Sinnerfahrung zuließen. Frankls Lebensthema ist von ungebrochener Aktualität: Jede Krise birgt auch eine Chance – nämlich die eigene Menschlichkeit unter Beweis zu stellen.

»Frankls wiederentdecktes Meisterwerk bietet Hoffnung.« Jane E. Brody, New York Times

»Viktor Frankls Texte sind von ungeheurer Wucht und verblüffender Aktualität. Dass ihre Lektüre mit einem riesigen persönlichen Gewinn verbunden ist, ist gewiss.« Professor Dr. Joachim Bauer

Viktor E. Frankl
Über den Sinn des Lebens
Vorwort von Joachim Bauer
Nachwort von Franz J. Vesely
Gebunden. 136 Seiten
ISBN 978-3-407-86691-2

www.beltz.de **BELTZ**